ヒトラー万歳！と叫んだ民衆の誤算

船越一幸
Funakoshi Kazuyuki

共同文化社

ヒトラー万歳！と叫んだ民衆の誤算

はじめに

芸術はつねに新しい表現を求めて創作する人間の営みです。偉大な芸術家と評価されると、その芸術家の活動が大きな社会的影響を与える場合が少なくありません。ヒトラー時代、ドイツ政府は芸術家の知名度を内政・外交の広告塔として利用しました。その結果、政治に無関心でナチ党員でもない、ただ最高の音楽を求め続けたドイツの世界的指揮者ヴィルヘルム・フルトヴェングラーは、第二次大戦後、非ナチ化裁判の法廷に立たされました。

科学の世界も絶えず新しい発見を求めて進展する人間の営みです。その成果は人々の暮らしを豊かに便利にしてきました。もはやマイカーやスマホのない生活など考えられません。しかし科学は芸術よりも直接的に政治および軍事的に利用されやすい分野です。ノーベル化学賞（一九一八）のフリッツ・ハーバーは、空気中の窒素からアンモニアを合成する方法を開発。その技術は化学肥料を生み出し、世界の食糧事情に大きく貢献しました。

第一次大戦が始まると彼は毒ガスの研究に没頭、その結果、多くの兵士が彼のマスタード・ガスを吸って死傷します。ハーバーは熱烈なナショナリストでしたが、ユダヤ系ドイツ人のためヒトラーに嫌われ、ヒトラー政権誕生の翌年に他界しています。一方、後述するようにヒトラーに心酔し、アーリア（ドイツ）的物理学を提唱したノーベル賞受賞者もいました。

本来、自然科学に国境線はないはずです。なぜなら自然科学は、人種・宗教・民族・歴史・風習がどんなに異なっていても共通の科学言語を使って認識を共有する世界だからです。たとえ戦争状態にある国どうしでも理論や実験結果は共通です。条件が同じであれば誰でもそうなる世界なのですから。

時代によって状況に差異はありますが、政治もまた新しい政治体制（社会的価値）を求めて権力闘争を繰り返す人間の営みです。とくにフランス革命以降、既存の秩序や社会的価値観を、新しい政治思想（イデオロギー）や体制に改革する政治運動が相次ぎ、その多くは戦争の手段に訴えてきました。経済競争の分野でも、しばしば、資源を巡って戦火を交えることが少なくありません。

こうして芸術も科学も政治も、ともに新しい価値の創造にあるとするならば、それらは互いにからみあい、利用しあい、あるいは敵対しあいます。その事例をヒトラーとナチス・ドイツを軸にして見ていきましょう。なぜならファシズム（fascism）の時代ほど、政治、科学、そして芸術が、無残で見事なかかわりを示す事例はあまりないからです。

さらに重要なのはドイツの民衆とヒトラーの関係です。第一次大戦後の混乱と賠償金の重圧に加えて世界大恐慌の嵐が吹き荒れたドイツで、人々が何よりも望んだのは経済再建と社会の秩序でした。そうした人々の願望を巧みにすくいとったヒトラーは失業問題を解決して経済を繁栄させ、とくに若者に対して新しい仕事と名誉（ステータス）を用意しました。代表的なのがＳＳ（親衛隊）です。こうして旧い階級制社会から抜け出し二〇世紀にふさわしい大衆社会へと転換を図り、レジャー政策やスポーツの奨励を時代の要請として取り入れたのです。

しかし繁栄の裏に何が潜んでいたのでしょう。レジャーやスポーツの次に何が待ちかまえていたのでしょう――ヒトラー独裁です。強制収容所および悪名高いユダヤ人絶滅収容所、そして第二次世界大戦の筆舌に尽くしがたい惨劇です。

では歴史が現在を照らし出す鏡であるとするならば、現代日本をヒトラーおよびナチス・ドイツという鏡に映し出すと、いったい何が見えてくるのでしょう。

Notes

① なおここではファシズムを、第一次大戦後、ムッソリーニが率いたイタリアのファシスタ党に端を発し、ドイツ、スペイン、日本などに現れた全体主義の政治体制および思想を指して用いることにします。内政では議会政治を否定、一党独裁、市民の政治的・思想的自由を抑圧、対外的には軍事力による侵略政策をとりました。その結果、第二次大戦が勃発。何千万の人命が犠牲になりました。二一世紀の今日でも、一党独裁の国家は決して少なくありません。何らかのきっかけでナショナリズムが煽りたてられると、かってのナチス・ドイツのような独裁政権下で悲惨な戦争が始まらないとは限らないのです。そのため絶えず身近な国や団体を敵視して国民の危機感をあおり、内政引き締めを図るやり方は昔も今も変わらない権力者の常套手段です。

② ナショナリズムとは人間の群れ方のひとつで、人々の情動に訴えて国民を熱く結束させる政治状況を指します。スペイン内戦（一九三六−一九三九）のとき国際義勇軍に参加した英国の作家ジョージ・オーウェルが指摘するように、ナショナリズムは左派か右派かを問わず、穏健派も巻き込んで吹き荒れる巨大な竜巻に例えられるでしょう。

③　ナチスまたはナチとは、国家社会主義ドイツ労働者党（Nationalsozialistische Deutche Arbeiterpartei）の通称です。一九二一年、ヒトラーが党首（総統）となり、一九二三年、ミュンヘン一揆を起こしますが失敗。ランツベルク監獄でヒトラーが著した『わが闘争』（Mein Kampf）はその後のナチスの指針となりました。一九二五年に合法政党として再出発、一九二九年に世界大恐慌の嵐が吹き荒れるとナチスは急速に勢力を拡大し、一九三〇年の総選挙で第二党、一九三二年には与党・社会民主党を抜いて第一党になり、一九三三年一月、ヒトラーは連立政権の首班となります。

④　SA（突撃隊、Sturmabteilung）とSS（親衛隊、Schutzstaffel）

SA（突撃隊）は公開集会でナチの演説者を守る用心棒として一九二一年にエルンスト・レーム（一八八七－一九三四）が組織した褐色シャツ党です。ほとんどの隊員が失業中の元兵士でした。一九二五年にレームが国外の仕事でドイツを離れると、ハインリヒ・ヒムラー（一九〇〇－一九四五）が後を継ぎます。

その年ヒムラーはSA（突撃隊）を母体に、ヒトラーの私的護衛隊としてSS（親衛隊）を結成、隊員は二八〇人でした。一九三〇年、SS（親衛隊）は事実上SA（突撃隊）から独立、ヒムラーによって国家の中の国家、軍隊の中の軍隊へと変貌を遂げていきます。

一方、ＳＡ（突撃隊）は一九三一年に再びレームの指揮下に入り、ヒトラーが首相に就任したとき、五〇万人ほどの隊員となっていました。しかし第二革命を目指すレームとヒトラーの間に温度差が生じます。一九三四年六月、レームと幹部が粛清され、ＳＡ（突撃隊）は隊員数も任務も縮小されます。

粛清によってＳＳ（親衛隊）は正式にＳＡ（突撃隊）から独立。そして第二次大戦が始まった一九三九年一〇月に武装ＳＳ師団が結成され、敗戦直前には四〇の武装ＳＳ師団が戦闘に加わっていました。うち七個師団が最強の戦闘部隊でした。ドイツ人、ドイツ系外国人以外にも、占領下にあった国々の人々、たとえばハンガリー人、オランダ人、フランス人らは武装ＳＳ師団を結成させられ、戦場に駆り出されました。

ヒムラーはＳＳ長官とドイツ警察長官を兼務し、その下に人種・移民局、保安課報部、ゲシュタポ（国家秘密警察）などがあり、ゲシュタポがユダヤ人絶滅収容所を管轄、後で触れるアドルフ・アイヒマンはゲシュタポのユダヤ人移送局長官でした。

＊党名が「国家社会主義」＋「ドイツ労働者党」であることに注目しておきましょう。

ヒトラー万歳！と叫んだ民衆の誤算　＊目次

第一章　ヒトラーの言論統制

実態はともかく政治の要諦は「良い時代だ」と大多数の国民が思うような状態をつくり出すことです。バブル崩壊前の日本の中流意識がそれに当たります。そのために政治家が必須要件として打ち出す内政戦略を二つに大別することが可能です。一つはイメージ（情報）操作、もう一つは具体的な生活の保証、これは民衆の満足感となって現れます。この二つの歯車を巧みに組み合わせることに成功し、ヒトラー独裁は確立しました。イメージ操作は、後で触れる映画のようにソフトな展開もあれば、時には強権的な言論統制となって現れ、反ナチズムを封じ込めました。

I．焚　書

選挙でナチスが第一党となり、アドルフ・ヒトラー（一八八九－一九四五）は、一九三三年一月三〇日、首相の座に着きます。そして早くも五月一〇日の夜、ベルリン大学はじめ全国二五の大学で「非ドイツ的」とされた書物を焼き払いました。古くは秦の始皇帝で知られる焚書です。ベルリンではSA（突撃隊）の楽隊が楽器を打ち鳴らし、市民が松明行列するお祭り騒ぎのなか、二万とも二万五千冊ともいわれる文学・哲学などの書籍が焼き棄てられました。

嬉々として焚書を行ったのは、ヒトラーとナチズムにドイツの未来を託した多くの大学教授、学生たちでした。この夜空を焦がす焚書を、ボン大学教授ハンス・ナウマンは「心底を揺さぶるまでに美しい」と言っています。とはいえナウマンはナチ党員ではなく、のちに反ナチに転ずるのですが、この時点で彼は他の多くの同僚と同様に新しい時代の興奮と熱気につつまれていました。こうして、カール・マルクス、ハインリヒ・ハイネ、トーマス・マン、ジークムンド・フロイト、エーリヒ・ケストナー、ベルトルト・ブレヒト、シュテファン・ツヴァイクなど、ユダヤ系作家を始め、ドイツ人でも社会主義者・自由主義者の著作が焼き尽くされました。

シュテファン・ツヴァイク
ユダヤ系オーストリア人作家、『ジョセフ・フーシェ』『マリー・アントワネット』などで知られるシュテファン・ツヴァイク（一八八一－一九四二）はアインシュタインと親交があった平和主義者でした。一九三三年五月の焚書、その翌年ザルツブルクの自宅がありもしない密輸兵器隠匿の疑いで家宅捜索を受けました。これがツヴァイクにロンドン移住を決意させ、のちにブラジルに亡命することになります。

最初のヒトラー政権は社会民主党などとの連立政権でしたから、当時のドイツ知識層の多くは「ヒトラーの三日天下」に過ぎないと考えていたことをツヴァイクは自伝に書き残しています。一九三二年に首相を務め、ヒトラー連立政権で副首相となったフランツ・フォン・パーペン（一八七九―一九六九）でさえ「危険は一切ない。われわれが自らのお芝居用にヒトラーを雇ったのだ」とヒトラーを軽視していました。

電光石火の独裁制確立

しかし「三日天下」は、知識層特有の楽観的観測に過ぎなかったのです。ヒトラーは焚書が行われる以前から独裁への道を周到に準備していました。そこで独裁に至る電光石火の早業を、一九三三年の一年間に限って見てみましょう。

ヒトラーが連立政権の首班となって一カ月と経たない一九三三年二月、国会議事堂放火事件が起こり、ナチ・ナンバー2で国家元帥およびプロイセン内務相のゲーリング（一八九三―一九四六）は直ちに共産党員のオランダ人を逮捕、裁判にかけ一二月に死刑を執行。

これが弾圧の口火となって共産党は地下に潜ります。ところが放火はＳＡ（突撃隊）謀略説もあり、犯人はいまだに不明です。なお一八七一年、プロイセンを中核とする連邦国家「ドイツ帝国」（第二帝国）成立以来、プロイセン州はドイツにおける中心勢力となっていました。ナチ・ナンバー2で国家元帥・空軍大臣のゲーリングはプロイセン内務相を兼ねていたのです。

三月、ヒトラーはダッハウに最初の強制収容所を設立し、ドイツ人の反ナチを捕えて収監。

三月二三日、立法機関を帝国議会から政府に移し、憲法改正の全権限を政府に賦与した「全権委任法」を可決させ、合法的にヒトラー独裁への道を切り開きます。こうして現実には憲法改正をしないまま、事実上、ワイマール・ドイツ（一九一九－一九三三）の民主主義を崩壊させたのです。

五月一日のメーデー事件。それまで産業別労働組合が各個に参加してメーデーが行われていました。ヒトラーはメーデーを「国民的労働の祝日」にしようと組合側に呼びかけ、各労組にＳＡ（突撃隊）が加わって協力、国を挙げて盛大なメーデーに仕立て上げました。翌日、労組の内部を熟知したＳＡは各地の労組本部を襲い、運動資金を強奪するとともに幹部を逮捕、各労組を解散させて「ドイツ労働戦線」に統一します。奪った資金は後述する「歓喜力行団」（ＫｄＦ）にまわしてナチのレジャー政策に当てました。

六月、各政党を解散させる布告を出します。ドイツ社会民主党、ドイツ国家人民党、ドイツ国民党、ドイツ人民党、バイエルン党、中央党が次々と解散。

七月、「政党の新設を禁止する法律」で、ナチスが唯一の合法政党に。

一一月、国民投票で九五％の国民がナチの政策を支持。これで名実ともにヒトラー独裁が確立したのです。

追い詰められたツヴァイク

ブラジルに逃れたツヴァイクのもとに届く情報は彼の期待を裏切るものばかりでした。ヒトラーが政権をとったとき、労働人口のほぼ四四％、六〇〇万人近くいた失業問題は僅か三年間ほどで解決。外交では一九三八年三月には念願のオーストリアを併合、大ドイツの夢を実現し「ヒトラーの第三帝国」と呼ばれていました。

加えて一九三九年九月一日、国境に近いドイツの小さな郵便局がポーランド兵に襲われたという架空の話をでっちあげ、侵略の正当性をつくろってポーランドに侵攻。五週間余で占領し、第二次大戦が始まりました。英国、フランスはドイツに宣戦布告しますが、ヒトラーが共産主義の防波堤になることを期待して動きません。

七カ月後の一九四〇年四月、ドイツ軍はデンマーク、ノルウェーに侵入、五月にはベルギー、オランダを攻略し、フランスになだれ込んで六月一四日にパリ無血入城を果たします。まだアメリカは参戦していません。ヒトラーがアメリカに宣戦布告するのは日本軍の真珠湾攻撃直後のことです。こうしてノルウェーからフランスまで、海峡ひとつ隔てて英国はひとりヒトラーと対峙、八月から英国空軍基地と工業地帯、九月にはロンドン空襲が始まって、このままではドイツに負けるかもしれないという不安が英国の人々を襲っていました。

そして一九四一年一二月、日本軍が真珠湾を攻撃、太平洋戦争が始まります。翌年二月、シンガポールが日本軍の手に陥落した知らせを聞いて、ツヴァイクは深い悲しみと憂鬱にとらわれました。このままではファシズムが世界を覆い尽くすのではないか……。ブラジル・ペンクラブ会長に別れの手紙を書き、身辺整理を行って服毒自殺したのです。

エーリヒ・ケストナー

焚書されながらも、ナチス・ドイツに留まって執筆活動を続けた作家・劇作家・詩人にエーリヒ・ケストナー（一八九九-一九七四）がいます。日本でも『エーミールと探偵たち』（一九二八）を愛読した人は少なくないでしょう。

ケストナーがドイツに残った理由は、ヒトラー独裁が犯すであろう残虐行為の証人になるためでした。そのために亡命せず偽名で脚本を書き、スイスで出版、ドイツの人々に読まれました。自分の著作が焚書の対象となったとき、わざわざ焚書の現場を見物にいった話が伝わっています。

そんなケストナーをナチスは苦々しく思っていましたが、彼を拘束し強制収容所に入れることはしなかったのです。なぜなら世界中に翻訳された彼の本は子どもたちに人気がありすぎ、彼を拘束すると逆に民衆の反発をかうことを知っていたからです。だから焚書の際、彼の児童文学だけは見逃し、ナチスはケストナーが偽名で書いた『ほら吹き男爵』を一九四三年に映画化しています。

戦後、世に出した戯曲『独裁者の学校』（一九五六）は「責任は分担しえないもの」と胸をはる独裁者に何人もの影武者がいた話です。ヒトラーが独裁制を確立した一九三六年頃から構想を温めていたとケストナーは語っています。ちなみに映画の喜劇王チャールズ・チャップリン（一八八九―一九七七）は、第二次大戦中の一九四〇年、「チャップリンの独裁者」でヒトラーを揶揄しますが、ケストナーの「独裁者の学校」は表面的には茶化しているものの、内容は悲劇を描いています。

彼は戦後、西ドイツ・ペンクラブ会長としてドイツ文壇の中心的人物になりました。

トーマス・マン

『魔の山』（一九二四）などで著名なパウル・トーマス・マン（一八七五―一九五五）は二〇世紀ドイツを代表する作家の一人で、一九二九年にノーベル文学賞を受賞しています。

第一次大戦のとき、マンは英仏に対してドイツ精神を擁護する保守的・ロマン主義的立場を主張しました。その後は『魔の山』で民主主義的ヒューマニズムへの転換を遂げ、以来、一貫してリベラルな立場からファシズムを批判。ナチスが台頭してきた一九三〇年、早くもナチズムの危険性を訴えました。ヒトラー政権が誕生するとプロイセン芸術アカデミーを脱退。スイス講演旅行中に国会議事堂放火事件を聞き、故国に帰らずそのままスイスに留まる決意をします。そして五月一〇日の焚書、マンの著作は焼き棄てられました。さらにナチスは一九三六年、マンのドイツ国籍を剝奪、ドイツにあるマンの自宅を接収、そこに残してきた日記・書簡・資料などを破棄し、反ナチのマンを国内から消し去ります。一方、マンは一九三六年にチェコ国籍を取得。

一九四〇年六月、フランスがナチス・ドイツに降伏すると、マンはフランスの緊急救出委員会に協力。また英国のBBC放送を通じて、ドイツ国民にナチスへの不服従を訴え続けました。その後、アメリカに移り一九四四年にアメリカ市民権を取得。民主思想のためナチスに迫害されたドイツ人作家の代表格といえます。

郵 便 は が き

料金受取人払郵便

札幌中央局
承　　　認

1385

差出有効期間
2027年 4 月24
日まで
●切手不要

060-87787

802

札幌市中央区北三条東五丁目

株式会社 共同文化社 行

お名前
（　　　歳）

〒　　　　　　　　（TEL　　　－　　　－　　　）

ご住所

ご職業

※共同文化社の出版物はホームページでもご覧いただけます。
https://www.kyodo-bunkasha.net/

愛読者カード

お買い上げの書名

お買い上げの書店

書店所在地

▷あなたはこの本を何で知りましたか。

1 新聞(　　　　　　)をみて　6 ホームページをみて
2 雑誌(　　　　　　)をみて　7 書店でみて
3 書評(　　　　　　)をみて　8 その他
4 図書目録をみて　(　　　　　　)
5 人にすすめられて

▷あなたの感想をお書きください。いただいた感想はホームページなどでご紹介させていただく場合があります。

〈個人情報の取扱いについて〉

(1) ご記入いただいた個人情報は次の目的でのみ使用いたします。
・今後、書籍や関連商品などのご案内をさせていただくため。
・お客様に連絡をさせていただくため。

(2) ご記入いただいた個人情報を(1)の目的のために業務委託先に預託する場合がありますが、万全の管理を行いますので漏洩することはございません。

(3) お客様の個人情報を第三者に提供することはございません。ただし、法令が定める場合は除きます。

(4) お客様ご本人の個人情報について、開示・訂正・削除のご希望がありましたら、下記までお問合せください。

〒060-0033　北海道札幌市中央区北３条東５丁目　TEL:011-251-8078／FAX:011-232-8228
共同文化社：書籍案内担当

ご購入いただきありがとうございました。
このカードは読者と出版社を結ぶ貴重な資料です。ぜひご返送下さい。

ベルトルト・ブレヒト

何度も映画になったブレヒトの『三文オペラ』（一九二八）や『肝っ玉おっ母さんとその子どもたち』（一九三九）をご覧になった方も多いでしょう。ベルトルト・ブレヒト（一八九八－一九五六）はアウクスブルグ出身のドイツ人ですが、夫人がユダヤ人、それに彼は共産党員でした。

一九三三年二月の国会議事堂放火事件が起こった翌日、彼は妻と長男を連れてプラハ行の汽車に乗りドイツを後にしました。その後、ウィーンを経てデンマークに向かい五年間ほど滞在します。五月の焚書で彼の著書は焼かれ、一九三五年にナチスはブレヒトの市民権を剝奪。これに対して彼は『第三帝国の恐怖と悲劇』（一九三八）を書き、恐怖に怯えて生活する小市民の姿を描き出しました。一九三八年、ヒトラーがオーストリアを併合、チェコに進撃すると、デンマークも安全でないと感じ、スウェーデンの首都ストックホルム沖合の島、次いでフィンランドのヘルシンキ、ソ連を経てアメリカに渡り、カリフォルニア州に移住します。しかし、脚本が売れず経済的困窮に陥りました。

戦後の一九四七年、ブレヒトはアメリカで下院非米活動委員会の審問を受けました。その翌日、彼はパリ経由でスイスのチューリヒに逃れ、西ドイツに入ろうとしますが拒否されます。そのままチューリヒに留まり、ここでオーストリア国籍を取得。当時はアメリカを主軸とする西側陣営とソ連の東側陣営が対立した東西冷戦時代が始まった直後で、ブレヒトは一九四八年、プラハを経て東ドイツに入り、東ベルリンで演劇活動を続けるのです。

Ⅱ．頽廃芸術展

一九三三年三月の選挙でナチスの得票率は四三・九％に留まり、ドイツ国家人民党の八％を取りこんで過半数を確保します。しかし事実上は単独政権と何ら変わりません。ヨーゼフ・ゲッペルス（一八九七－一九四五）が党宣伝部長のまま国民啓蒙宣伝相（以下、宣伝相）になると、新聞・ラジオ・映画の統制を始めたことは後で触れますが、彼は絵画・彫刻の分野にまでナチズムの浸透を図りました。ギリシャ、ローマ以来のヨーロッパの伝統に基づく古典主義美術、とりわけドイツ古典主義美術こそが「アーリア人」の優秀性を表現する芸術であるとして称揚する一方、表現主義、抽象主義、新即物主義、ダダイズム、シューールレアリズムなどの作品を「頽廃芸術」としてドイツ国内の公立美術館から撤去させたのです。

なおアーリア人（Aryan）とは言語学的にはインド・ヨーロッパ語族の人々を指すこと

もありますが、民族的には不明です。ヒトラーはヨーロッパ北方ゲルマン民族の血を引くドイツ人こそ典型的なアーリア人である、として『わが闘争』の中でこう主張しています。「もし民族を三つのカテゴリー（範疇）に分けるとすれば、文化の創造者、維持者、破壊者に分けられる。そしてアーリア人（ドイツ人）だけが最初のカテゴリーを代表する民族である」。したがってユダヤ人は文化の破壊者というわけです。

公立美術館から撤去された作品は、ドレスデンなど各地で小規模に頽廃芸術として展示され、一九三七年七月にミュンヘンで大規模な「頽廃芸術展」が開催されました。その一日前に「大ドイツ芸術展」が始まっていて、観客は大ドイツの素晴らしい芸術に感動し、次に頽廃芸術を見て唾をはきかけよ、という趣旨でした。ミュンヘンでは三カ月間に二〇〇万人を超える入場者を数え、その後、国内一三カ所で「頽廃芸術展」が開催されていきます。

会場には、シャガール、カンディンスキー、マレー、ベックマン、デックス、グロッスらの作品が所狭しと並べられました。国籍は問いません。たとえば、独自の詩的・幻想的表現で高名なマルク・シャガール（一八八七－一九八五）はユダヤ系ロシア人で主にパリで活躍し、パリ・オペラ座の天井画やフランス・メッスのサン・テティエンヌ大聖堂のステンドグラスなどで知られる画家です。一九四一年ナチの迫害を逃れて米国に渡り、戦後ようやく欧州に戻りました。

エミール・ノルデ

第一次大戦に敗れ、ドイツ人にとって「屈辱のヴェルサイユ条約」が締結された結果、旧プロイセン領でドイツ北辺のシュレースヴィヒがデンマーク領になった直後にナチ党が結成されます。画家エミール・ノルデ（一八六七－一九五六）は一九二〇年、在外ドイツ人としてナチ党員になりました。

彼は「最後の晩餐」に代表される強烈な色彩の油彩画の他に、風景・草花を題材にした淡彩な水彩画で知られ、宣伝相ゲッペルスは彼の水彩画を秘かに好んだといいます。しかし、アーリア的ドイツ大芸術の嵐が吹き荒れると、彼が党員かどうかより、彼の絵が頽廃芸術であるか否かが問題となったのです。

ノルデの強烈な宗教画は「宗教への冒瀆」「頽廃」として世間の批判を浴び、頽廃芸術展でさらしものにされました。さらに帝国芸術院から除名され、制作禁止の処分を受けました。そこでノルデは秘かに極小サイズの紙に水彩画を描きながら第二次大戦中を過ごします。油絵の匂いがもれるのを恐れたからです。戦後、彼自身が「描かれざる絵」と言っ

ノルデ「最後の晩餐」1909 エミール・ノルデ記念財団

たこれらの小品を改めて大きく油彩に仕上げなおしていた一九五六年に没したのです。

エルンスト・ルートヴィヒ・キルヒナー

南ドイツ生まれのエルンスト・ルートヴィヒ・キルヒナー（一八八〇－一九三八）は第一次大戦に志願、砲撃隊に配属されました。しかし戦場での体験は彼の心身をむしばみ除隊処分を受け、スイスのダボスで療養しながら抽象画の世界に入り、彼の名は高まっていきます。

ナチ政権発足とともに帝国芸術院の改組が課題になったとき、各会員に宛てて会員資格の再検討通知が送られてきました。既にスイスに一六年も住んでいたキルヒナーは事情がよく分からないから新政府に任せると返書を書きました。そして一九三七年、彼は自分が芸術院で厄介者扱いになっているのなら会員を抹消してほしいと手紙を送り、芸術院は彼を除名処分にします。

一見、なんでもないやりとりのように見えますが、実はキルヒナーの手紙はナチスに対する精一杯の抗議だったのです。なぜナチズムに同調しない芸術家を頽廃と呼ぶのだろう。若き日を過ごしたあの麗しく美しいドイツはどこへいったのだろうか。キルヒナーの心は張り裂けんばかりでした。だから自分の作品が退廃芸術展に展示されたことを知ると、絶

キルヒナー「五人の街の女」1913　ケルン、ヴァルラーフ・リヒャルツ美術館

望の淵に立たされた彼は自宅でピストル自殺を遂げました。第二次大戦の前年のことです。

パウル・クレー

スイスのベルン近郊で生まれたパウル・クレー（一八七九－一九四〇）は父親がドイツ人のためドイツ国籍でした。その当時、パリと並ぶ芸術の都だったミュンヘンに出て絵を学びます。多くのドイツの若者同様、クレーも第一次大戦の興奮にかられて従軍しますが、次々と友人画家が戦死、大きな精神的打撃を受けました。

第一次大戦後、バウハウスに招かれ、一九二一－一九三一年の一〇年間、バウハウスで教鞭をとり、ソ連から戻ってきたカンディンスキーとアトリエを共有したこともありました。

ちなみにバウハウスは、一九一九年に建築家ヴァルター・グロピウスが、建築・絵画・工芸の統合を目指し、ドイツ・ワイマールに設立した国立美術学校です。しかし右翼の非難攻撃を受け、内紛も重なって解体。それを一九二五年に、よりリベラルなデッサウ市が引き取り、グロビウス設計の校舎が建設されてバウハウスのシンボルとなりました。しかし一九三二年、ナチ党員が絶対多数を占めた市参事会でバウハウス解体が議決されたため、ベルリンに移って私立施設として活動を続けます。しかし翌年、ヒトラー政権の誕生でバウハウスはＳＡ（突撃隊）と警察に占拠され解散に追い込まれました。グロピウスはアメリカに渡って現代建築および芸術に大きく貢献し、ワイマールとデッサウの関連施設は一九九六年、世界文化遺産に登録されています。もちろんバウハウスの芸術運動自体に頽廃のレッテルが貼られていたことは言うまでもありません。

一九三三年のヒトラー政権成立とともに強化された前衛芸術の弾圧は、既に国際的名声を得ていたクレーにも及び、ベルリンで出版されたクレーのデッサン集はゲシュタポ（国家秘密警察）に押収されました。さらに、デュッセルドルフ美術学校を免職になり、家宅捜索を受けたクレーは、生まれ故郷のスイス・ベルンに亡命します。しかしドイツ国内の銀行口座が凍結されたため、経済的困窮に陥ってしまいます。亡命して二年後、難病の一つ、皮膚硬化症を発病。晩年の五年間は療養と闘病の合間をぬって絵を描き続けました。手が自由に動かないこともあって、単純化された線による独特の作品を制作、「美しき女庭師」はそのひとつです。

クレーはドイツ国籍を離れ、スイスへの帰化を申請しますが、容態の悪化で手続きが進まないまま、第二次大戦がはじまった翌年、六〇歳でドイツ人としてこの世を去りました。

クレー「美しき女庭師」1939　スイス・ベルン　クレー財団

エルンスト・バルラハ

彫刻家・画家・劇作家として知られるエルンスト・バルラハ（一八七〇－一九三八）はハンブルク西方ヴェーデル生まれの生粋のドイツ人です。第一次世界大戦が始まると、ドイツの多くの若者同様にバルラハは熱烈な戦争支持者になりました。戦争が新しい芸術の時代を切り開くと期待したのです。一九一五年、彼は歩兵を志願して前線に赴きます。しかし苛酷な戦争体験がバルラハを反戦主義者に転向させ、戦後は反戦的作品を作り続けます。

だからドイツ兵の栄光を顕彰する戦没者祈念碑を依頼されたとき、彼は敵味方の区別なく、フランス兵、ドイツ兵、ロシア兵が並ぶ「マルデブルク戦没者祈念碑」に仕上げました。当然、ナショナリストから激しい抗議が巻き起こり、ナチ政権はこれを撤去（一九三四）。そしてプロイセン芸術アカデミーなどから会員資格を剝奪され、頽廃芸術展で彼の作品はさらしものにされました。「ハンブルク戦没者祈念碑」がナチによって撤去された一九三八年、バルラハは脳溢血で倒れ帰らぬ人となりました。

第二次大戦後、バルラハの名誉回復が行われ、「ハンブルク戦没者祈念碑」などは復元され元の位置に設置されました。

反戦主義者になった初期の作品「枷をはめられた男」（一九一八）は、やがてやってくるヒトラー独裁と、その枷にからみ取られるドイツの人々を暗示しているようです。

バルラハ「枷をはめられた男」1918　ハンブルク、エルンスト・バルラハ・ハウス

フェリックス・ヌスバウム

ユダヤ人画家フェリックス・ヌスバウム（一九〇四−一九四四）の場合はもっと悲惨でした。一九三一年二七歳の時、ベルリン分離派展で発表した大作が好評で、翌年、彼はローマに留学、二年ほど滞在します。その間ドイツはヒトラー政権になり、ユダヤ人迫害が日増しに激しくなると、彼は帰るべき地を失ってしまいました。

一九三五年、ヌスバウムはパリを経てベルギー亡命します。そのベルギーも安泰の地ではなくなりました。一九四〇年五月、ドイツ軍はベルギーを占領、ドイツ国内で施行されたニュルンベルク諸法をベルギーでも執行したのです。ヌスバウムは逮捕されますが、監視の目をかいくぐって逃亡に成功、妻とともに友人宅の屋根裏部屋に身を潜めます。じっと息を潜め、密告者に怯え、食べ物にも事欠く生活。そんな中で協力者から借りた近くのアトリエでヌスバウムは「ユダヤ人証明書をもった自画像」など多くの絵を描き続けました。

一九四四年六月六日、連合軍がフランス・ノルマンディーに上陸しドイツ軍に反撃を開始。その一四日後、ヌスバウムは隠れ家で逮捕され、アウシュヴィッツ絶滅収容所に送られチクロンBガスを浴びてこの世を去ったのです。

一九九八年になって故郷北ドイツ・ニーダーザクセンのオスナブリュックに「フェリッ

ヌスバウム「ユダヤ人証明書をもった自画像」1943　オスナブリュック、フェリックス・ヌスバウム・ハウス

クス・ヌスバウム・ハウス」が建設され百点余りの作品が展示されています。

頽廃芸術作品の行方

頽廃芸術として押収された作品は一万七千点を超え、そのうち約四千点が焼却されました。そしてセザンヌ、ゴッホ、ピカソ、シャガールなど著名な作品二千点あまりが行方不明になりました。美術品収集で知られたナチ・ナンバー2のゲーリングはその立場を利用し、国際的評価の高い作品を自分の手に入れました。ゴッホとムンクが各四点、セザンヌとシニャックが各一点、全部で一三点を数えたと関 楠生は伝えています。

それでも残った頽廃芸術作品をナチスは競売にかけます。国際的評価があり売れそうな七〇〇点あまりを、スイスのチューリヒ、ルツェルンなど各地でオークションにかけました。最高の人気を集めたのがゴッホの「自画像」でニューヨークの収集家が競り落としました。そして競売が行われた翌年、第二次大戦に突入することになります。

第二章　音楽と政治の狭間で

言葉で表現する小説・詩・評論などは、時の権力者の価値判断と衝突することが少なくありません。それらを権力者は発禁処分や焚書、あるいは著者を拘束します。絵画も具体的表現ですから権力者を批判・揶揄した作品が生まれても不思議ではありません。ナチスは権力者の価値観と相反する作品は頽廃芸術として排除しました。

しかし音楽は、士気を鼓舞する軍隊行進曲や英雄の死を悼む葬送曲があるとしても、音楽自体が時代思潮や政治的価値を直接表現することは稀です。たとえばショパンの「革命」（練習曲Ｏｐ．10−12）は、ロシアからの独立を求めて「一一月蜂起」（一八三〇）を起こした父親たちがロシア軍に敗れた知らせをウィーンで聞いたショパンが激しい感情に駆られてピアノの鍵盤を叩きつけてできた作品。あるいはチャイコフスキーの「大序曲一八一二」（一八八〇）は対ナポレオン戦争に勝利した記念の曲。さらにシベリウスの「交響詩フィンランディア」（一八九九）はロシアの支配下にあった祖国への愛国心を表現した作品として知られています。

とはいえ、それらの音楽は聞き手の情感に深く鋭く訴えることはあっても、言葉で表現する場合と同じように政治的思想を直接訴えることは困難です。時代が過ぎれば、作品の社会的背景が忘れ去られることも少なくないのです。

まして一党一派に立つことなく、懸命に感動的な音楽づくりに専念した指揮者が政治的責任を問われることなど、一般に考えにくいことです。ところが激動の二〇世紀、すべてをアーリア民族の優秀性に塗り上げていったヒトラー政権下では、指揮者本人が意識するか否かにかかわらず時代の渦潮に巻き込まれていきました。

I.ヴィルヘルム・フルトヴェングラー

ベルリン生まれのヴィルヘルム・フルトヴェングラー(一八八六－一九五四)は、二〇歳でカムイ管弦楽団(現ミュンヘン・フィルハーモニー)を指揮してデビュー。ヒトラーが政権をとる一〇年前の一九二二年、三六歳のとき、死去したアルトゥール・ニキシュの後任としてライプツィヒ・ゲヴァントハウス管弦楽団およびベルリン・フィルハーモニー管弦楽団の常任指揮者となり、一九五四年にこの世を去るまで世界の巨匠として世界中の音楽ファンを魅了しました。ベートーヴェン、ブラームス、ワグナーなどドイツ音楽を得意とし、彼のタクトが織りなす音楽は高い精神性と濃厚な官能性が一つに溶け合って、聴き手を強烈な陶酔にまきこんだと評されています。

国会開催祝賀演奏会

ヒトラーが首相となって二カ月近く経った三月二一日、最初の国会が開催され、その祝賀演奏会がベルリン国立歌劇場で開かれました。曲はヒトラーが敬愛するワグナーの「マイスタージンガー」、指揮はフルトヴェングラーです。

指揮したとはいえ、フルトヴェングラーはもともと政治に無関心でした。彼が第一次大戦後のワイマール共和国に示した態度と同様に、急速に台頭したナチスに対しても興味はなかったのです。むしろ「ハイル！　ヒトラー！」（ヒトラー万歳）と叫ぶヒトラー心酔現象に不快感を抱いていたと伝えらています。しかしオーケストラを指揮する機会が与えられれば、それがナチスの国会開催祝賀演奏会であろうとなかろうと最高の音楽で聴衆を酔わせていました。彼はただただ音楽の世界に生きていたのです。

ブルーノ・ワルター事件

指揮者ブルーノ・ワルター（一八七六―一九六二）はベルリンのユダヤ人家系に生まれました。同じユダヤ系オーストリア人作曲家で後期ロマン派のグスタフ・マーラー（一八六〇―一九一一）の助手として指導を受けたのち、フルトヴェングラーの後任としてライプツィヒ・ゲヴァントハウス管弦楽団の指揮者となります。

フルトヴェングラーが国会開催祝賀演奏会を指揮するその前日、ワルターのもとに脅迫電話がかかってきます。予定されているベルリン・フィルの指揮を中止しなければホールをこっぱみじんに叩き壊す、という脅しでした。ワルターは反ナチの政治活動をしていたわけではありません。ただナチスが嫌うマーラーの作品を積極的にとりあげていたこと、彼自身がユダヤ系であったためです。四日前にもゲヴァントハウス管弦楽団の演奏会を中止させられたばかりでした。ワルターは身の危険を感じて指揮を断念します。

代わって指揮台に立ったのは高齢のリヒャルト・シュトラウス（一八六四―一九四九）。彼自身は生粋のドイツ人ですが、子息夫人がユダヤ人であり、彼が何よりも愛して止まない孫たちに危害が及ぶのを防ぐ必要がありました。そのため彼は心ならずもナチスに協力し、ナチスが組織したドイツ音楽院総裁となっていました（一九三三―一九三五）。ちなみに、スタンリー・キューブリック監督の米映画「二〇〇一年宇宙の旅」は「ツァラトゥストラはかく語りき」の突き刺さるような鮮烈な音楽で始まりますが、あれはシュトラウスの代表作の一つです。『ツァラトゥストラはかく語りき』はドイツの哲学者フリードリヒ・ヴィルヘルム・ニーチェ（一八四四－一九〇〇）の主著。

政権獲得から僅か二カ月足らずの三月二三日、ヒトラーは「全権委任法」を国会通過させました。こうしたドイツを嫌って多くのユダヤ系および反ナチの音楽家がアメリカに渡って行きました。ピアニストのアルトゥール・シュナーベル、ルドルフ・ゼルキン、指揮者のオットー・クレンペラー、歌手のロッテ・レーマン、作曲家のアルノルト・シェーンベルク（一八七四－一九五一）などです。

ナチスの反ユダヤ政策に反対していたシェーンベルクは、いったんはカトリックに改宗していましたが、一九三三年、画家シャガールらが立ち会う中で再びユダヤ教に立ち帰り、ナチスと対決する姿勢を明らかにします。

第二次大戦後、シェーンベルクは「ワルシャワの生き残り」（一九四七）を作曲し、ポーランドの悲劇を世に問いかけます。ゲットー（ユダヤ人居住区）に閉じ込められ最後は絶滅収容所に送られたユダヤ人の悲痛な叫び声が、低く重く地底の葬列となってうめくような、一二音階で描かれた七分ほどの曲です。

一方、ワルターはヨーロッパに踏みとどまり、ヒトラーに併合される前のオーストリア・ウィーンで演奏活動を再開しました。なぜならヒトラーのいるヨーロッパで演奏活動を続けること自体が、ワルターの無言の抵抗だったからです。オーストリアのナチ党員が国立歌劇場にガス弾を投げ込んだとき、ワルターは演奏を中止しませんでした。演奏中止はナチスの妨害を成功させることにつながるからです。しかし一九三八年、ヒトラーがオーストリアを併合すると、ワルターはついにアメリカに渡ることになります。

政治もまた芸術である

フルトヴェングラーはワルター事件に関して宣伝相ゲッペルスに抗議の手紙を書きました。音楽には優れた音楽かそうでないかの基準しかないのに人種・民族問題を持ち込むとは何事か、と詰め寄ったのです。ゲッペルスはフルトヴェングラーの抗議を待っていたかのように直ちに返書をしたためました。すなわち国民的・民族的基盤に立たない芸術はありえないとナチスの芸術観を示し、それを抗議文とともに新聞で公表したのです。

「政治もまた芸術であり、おそらく最高の最も包括的な芸術であります。だから、あなたが音楽に対して認めようとする境界線、よい芸術かわるい芸術かという境界線だけを承認するわけにはまいりません。芸術はよくなくてはならないばかりか、民族に適しているという条件を満たしていなければならないのです」

　こうしたフルトヴェングラーの決然とした態度が新聞で公表されると、国内外から多くの賛辞が寄せられ、彼はますます音楽に人種・民族問題を持ち込むべきでないという考えを強くしていきます。そして、その年のコンサートシーズンに彼はユダヤ人の演奏家を招聘する作戦にでたのです。ヴァイオリンではクライスラー、メニューイン、フーベルマン。チェロでは反ファシストとして知られるパブロ・カザルスなど。しかし当然のことですが彼らはナチス・ドイツにやって来ません。なかでもフーベルマンは招聘に応じてコンサートを盛り立てるのはナチスに光をそえることになるとして、激しい調子で拒否の手紙を書き、これがニューヨーク、パリ、ロンドンの新聞に掲載されて世間の話題となりました。

　こうした一連の過程を見ますと、フルトヴェングラーがいかに政治に無関心でナチスに対して楽観的だったかを読み取ることができます。なおフーベルマンは、戦後、ユダヤ人国家イスラエルが二千年ぶりにパレスチナに建国されると、イスラエル・フィルハーモニーの前身、パレスチナ管弦楽団を組織することになります。

ヒンデミット事件

伝統的なロマン派からの脱却を目指し、新即物主義の音楽を推進した生粋のドイツ人作曲家パウル・ヒンデミット（一八九五-一九六三）は、一九三四年、オペラ「画家マチス」を作曲しました。主人公マチスはドイツ農民戦争（一五二四-一五二五）で農奴制の復活に反対して戦った画家マティアス・グリュネヴァルトのことで、フォーヴィズム（野獣派）の一人として知られるフランスの画家アンリ・マチスのことではありません。かねてからヒンデミットを高く評価していたフルトヴェングラーはオペラの管弦楽素材を用いて編曲した交響曲「画家マチス」を同年三月一二日にベルリン・フィルハーモニー・ホールで初演、大成功でした。

しかしヒトラーは、かねてから、伝統的な調性の枠を大きく超えた前衛的なヒンデミットの音楽を頽廃芸術として排斥していました。だから交響曲に続いてフルトヴェングラーがオペラ「画家マチス」をベルリン国立歌劇場で初演しようとしたとき、当然のように上演禁止を通告してきました。

この措置に怒ったフルトヴェングラーはヒンデミットを擁護する論評を新聞に発表します。すなわちヒンデミットは現代ドイツ音楽に必要不可欠な人物であり、これを容易に切り捨てることは、いかなる理由があっても許されるべきではない、と。掲載した「ドイツチエ・アルゲマイネ」（ドイツ新聞）は二度も増し刷りしなければならないほど、人々は競ってフルトヴェングラーの抗議文を読みました。当然ドイツ国内外でセンセーションが巻き起こり、ベルリンでは楽団員たちがフルトヴェングラー支持のデモンストレーションを行ったくらいです。

この事態に宣伝相ゲッペルスは今度は断固たる措置を取ります。如何にフルトヴェングラーの国際的名声がナチスの広告塔として有効とはいえ、これ以上彼を自由にしておくわけにはいかなかったのです。普通なら反ナチとして強制収容所送りとなるところですが、そうならなかったのはフルトヴェングラーが世界の巨匠だったこと、まだまだナチスのために役立つことをゲッペルスは見抜いていたからでした。

こうしてフルトヴェングラーは一切の公職から降ろされます。ドイツ音楽院副総裁、プロイセン枢密院顧問官、さらにベルリン・フィルおよびベルリン国立歌劇場の監督の地位。彼のこの勇気ある態度に国内外から再び高い称賛の声があがり、一番勇気づけられたのはユダヤ系ドイツ人、反ナチの市民やナチを快く思っていない人々でした。

なおヒンデミットはこの事件で音楽大学教授を退き、一九三五年トルコに渡ってアンカラ音楽院の開校に尽力。そして一九三八年スイスに渡り、第二次大戦が始まった翌年の一九四〇年、アメリカに亡命し市民権を得ています。

非政治的芸術家

ヒンデミット事件から四カ月と経たないうちに、ゲッペルスは「非政治的な芸術家」として音楽界に復帰してはどうかとフルトヴェングラーにもちかけました。

彼はこの提案にとびつきます。純粋に音楽に打ち込むことができるうえ、ドイツ音楽界を再び世界水準に立ち戻らせることができると考えたからです。

ヒンデミット事件でフルトヴェングラーを称賛した人々は彼の音楽活動復帰を「ナチスへの降伏」と受け取りました。降伏どころか裏切りではないか。一九三六年、フーベルマンはバーゼルの新聞に「ドイツ知識人への公開質問状」を発表してフルトヴェングラーの政治的責任を糾弾します。

「ニュルンベルク法が施行されてからこのかた無数の人々が強制収容所に送られたり、亡命したり、殺されたり、自殺に追いやられました。カトリックの神父、プロテスタントの牧師、ユダヤ人、民主主義者、社会主義者、共産主義者、さらに軍人たちが似たような運命の犠牲者となりました。これらの出来事に対するフルトヴェングラー博士の態度を私は知りませんが、真正ドイツ人であるあなたがたは、その不名誉から良心とドイツと人間性を救うためにいったい何をしましたか？　何かしたのですか？　この故に、ドイツ知識人であり非ナチスであるあなたがたを、ナチのすべての犯罪、文明破壊行為の真犯人として告発します」

なおニュルンベルク法（諸法）とは、一九三五年のニュルンベルク党大会で公表され、九月から始まったユダヤ人迫害に関する一連の法律・布告を指します。ユダヤ人から市民権を剥奪、公職追放、ドイツ人との結婚を禁止、「ダビデの星」を胸につけることなどを強制した諸規定です。

こうしたユダヤ人迫害を一時的に隠蔽した一九三六年のベルリン・オリンピックが成功裡に終わると、一九三八年一一月九日から一〇日にかけて「水晶の夜」（Kristallnacht）事件が起こります。ＳＡ（突撃隊）がユダヤ人の商店を襲い、こなごなに打ち砕かれた窓ガラスの破片がキラキラと水晶のように見えたことから「水晶の夜」と呼ばれました。この事件を契機に、ナチスは反ユダヤ政策を一段と強化。そして、すべてのユダヤ人を絶滅収容所に送りチクロンＢガスを使って一度に抹殺する「ユダヤ人の最終的解決」がヴァンゼー会議で決定されるのは一九四二年一月になってからです。このようにユダヤ人迫害は最初から絶滅を図ったわけではなく、嫌がらせから商店の窓ガラス破壊へと徐々に強化された点に留意しておきましょう。オーストリアの作家シュテハン・ツヴァイクは、ナチスのやり口は最初にうすい毒を国民に飲ませ、国民がその毒になれると次々と少し強い毒を与えて国民を麻痺させ、遂には破局に至ったと指摘しています。反ユダヤ主義は古くからヨーロッパにあり、決してヒトラーだけのものではありませんが、ドイツの人々は少しずつ毒を飲まされ続け、感覚を麻痺させられていったのです。

戦争放棄・国際平和主義の憲法九条が存在する日本で、専守防衛から積極的平和主義・集団自衛権・安保関連法改正・海外派兵へと解釈を変更し、さらに九条の改憲、戦争容認の最終目的に向かって徐々にトーン・アップしている現状と大差はないのかもしれません。「うすい毒を次々と」それが政治の常套手段だからです。

非政治的芸術家として音楽活動を再開したといっても、フルトヴェングラーは心からナチスに協力したわけではありません。妥協したあとも、よい音楽をまもるためにナチスと小競り合いを演じていました。プロイセン内務相のゲーリングがベルリン国立歌劇場を彼に任せようとしましたが、客演指揮以外は一切関知しないと断っています。彼に代わって登場したのがヘルベルト・フォン・カラヤン。カラヤンとナチスの関係はまた後で触れることにしましょう。

しかしフルトヴェングラーの抵抗も個人レベル以上のものではなく、結局はナチスの希望どおりに演奏活動を行っていました。ヒトラーが特に好んだワグナーのバイロイト音楽祭はもとより、ニュルンベルグ党大会、占領下のパリ、爆撃下のベルリンなど各地でタクトを振り続けました。

ゲッペルスは「フルトヴェングラーのラッパが朗々と鳴り響けば響くほど、それだけ戸外の爆音は聞こえなくなる」と語っています。究極の勝利を錯覚させるために、音楽的陶酔という目隠しが必要だったからです。こうしてフルトヴェングラーは自分の意思はどうであれ、ナチズムの露払いとして利用され、各地に派遣され、「民衆管理」のプランに組み込まれていったのです。

非ナチ化裁判に問われる

第二次大戦でナチス・ドイツが敗れると、フルトヴェングラーは非ナチ化裁判の法廷に立たされました。「非ナチ化裁判」とはドイツの西側を占領した連合軍が行ったナチ識別審査のことです。ナチの経歴をチェックし、その関連度によって次の五項目に分類され、犯罪者らには刑罰を科しました。①犯罪者、②活動家、軍国主義者、戦争犯罪関与者、戦時不当利得者、③軽犯罪者、たとえば若くしてナチ党に入党したが犯罪を犯したとは認められない者、④ナチ党共鳴者、⑤無罪の者および反ナチと証明された者。なお、生き残ったナチの最高指導者を戦争犯罪のかどで裁いた「ニュルンベルク裁判」(国際軍事法廷)

と、非ナチ化裁判とは異なります。

フルトヴェングラーが非ナチ化裁判に問われた大きな理由の一つが、一九三三年九月、ゲーリングの要請でプロイセン枢密顧問官になったことでした。就任式で彼はＳＡ（突撃隊）が人垣をつくる中を、ヒトラー、レーム、ヒムラーに続いて会場に入り、「指導者アドルフ・ヒトラーへの変わらぬ忠誠心をもって、プロイセンの歴史的偉大さを自覚し、新しい国家のために力を尽くします」と宣誓していました。

戦後、この件に関してフルトヴェングラーは「各自の従事している領域で、政府に助言を与える役割である」と受け取っていたと語っています。

非ナチ化裁判で、ユダヤ系アメリカ人のヴァイオリニスト、メニューインがフルトヴェングラーを弁護します。同じユダヤ系音楽家たちが猛烈に反対するのを押し切って弁護し、無罪となりました。そして一九五四年に没するまで、フルトヴェングラーの指揮棒は世界の人々を魅了し続け、二一世紀の今日でも彼の名声は衰えていません。なお、ドイツ音楽院総裁だったリヒャルト・シュトラウスも非ナチ化裁判にかけられましたが無罪となりました。

晩年、フルトヴェングラーは芸術と政治は無関係でないことを、こう語ったとクルト・リースは伝えています。

「〝芸術と政治は何の関係もない〟と人々は口癖のようにいいます。何と間違った考えでしょう。芸術と政治、この二つが……少なくとも音楽と政治とが……真空では存在できないということが分かっていないのです」。

Ⅱ．ヘルベルト・フォン・カラヤン

一九五五年、フルトヴェングラーの後を継いでベルリン・フィルハーモニーの常任指揮者となったヘルベルト・フォン・カラヤン（一九〇八―一九八九）は、音楽と政治の狭間で苦悩するタイプではありません。オーストリア出身の彼は時代の機を見るに敏で、オーストリア・ナチ党が勢力を拡大すると入党、ヒトラーが政権をとった一九三三年にはドイツで入党、都合二回もナチに入党しています。党籍番号三四三〇九一四。

音楽評論家ロベルト・バッハマンはカラヤンを評して「悪魔と契約した男」と言ってます。戦後の一九八一年、カラヤンはバッハマンのインタヴューにこう答えています。「ナチス時代、過ちを犯したと思っているか」という質問に対してです。

「いいえ、まったくそう思いません。同じ状況におかれたら、私はまた同じことをするでしょう。私はアーヘンで音楽監督の地位を得ました。その地位を得るためにはナチスに入党しなければなりません。それはアイガーに登頂するとき、スイス・アルプス協会に登録するのと同じことです。

それに求めていたものを遂に手に入れられるということが、私にとって大きな意味をもっていました。何しろアーヘンには大きなオーケストラや素晴らしい合唱団、劇場があったのです。そこで私はしたいことができたのです。それを手に入れるためには殺人さえ犯したかもわかりません」


一九三七年、ベルリン国立歌劇場で「フィデリオ」を指揮して成功したカラヤンは、翌年にはフルトヴェングラーが一時的に退いたベルリン・フィルハーモニーの指揮者となり、ナチス・ドイツの国策に乗って名声をほしいままにします。

一九四五年、ドイツが敗れると、ナチ党員としての戦争責任を問われ、一時、指揮活動を停止しますが、翌年からウィーン・フィルハーモニー、ベルリン・フィルハーモニーなどで活躍し、一九五五年から一九八九年までベルリン・フィルハーモニーの常任指揮者を務めました。

当時、録音技術の発達はめざましく、カラヤンはメディアを最大限に活用して「帝王」

と呼ばれるようになります。同じ曲を何回も録音し、テープ編集技術を巧みに使って、出来の良かった部分だけをつなぎ合わせて完璧なレコードに仕上げました。そのドキュメンタリーを見ると、ラジオ出身の私も舌をまくほどです。そのためか、カラヤンの音楽はメリハリが効いたダイナミックな演奏になっています。しかし機械的で人間味が感じられないのはなぜでしょう。演奏技法は完璧でも無機質なソ連のヴァイオリニスト、レオニード・コーガン（一九二四−一九八二）とどこか似ているのです。カラヤンが来日した際、演奏を聴きました。とてもダイナミックですが、計算された冷徹さが漂っているように思われてならないのです。

Ⅲ．アルトゥーロ・トスカニーニ

フルトヴェングラーが世に出る前から、イタリア出身の指揮者アルトゥーロ・トスカニーニ（一八六七−一九五七）が活躍していました。北イタリア・パルマに生まれたトスカニーニは厳しい音楽教育を受けたのち、一九歳で思わぬ幸運に恵まれます。巡業歌劇団の首席チェロ奏者・合唱副指揮者として、ブラジルのリオ・デ・ジャネイロ公演に赴いたとき、指揮者が突然降板。彼が代わって「アイーダ」を指揮し、イタリア帰国後トリノでプロ指揮者としてデビューしたのです。そして一九〇八年にはニューヨークのメトロポリタン歌劇場に移り、グスタフ・マーラーと共に首席指揮者となりました。第一次世界大戦（一九一四－一九一八）が始まるとイタリアに帰国、楽団を率いて前線を慰問し、戦火の中の勇気ある演奏に対し勲章が授けられています。なお第一次世界大戦でイタリアは連合軍側に立ちドイツと戦っていました。

ムッソリーニに抵抗したトスカニーニ

一九二二年、社会党左派から右翼に転向したベニート・ムッソリーニ（一八八三－一九四五）がファシスタ党を率いてローマ進軍を開始、独裁者として権力を掌握すると、トスカニーニはムッソリーニとファシストへの抵抗を開始します。

一九三一年、オペラ「蝶々夫人」で知られるプッチーニの遺作・オペラ「トゥーランドット」演奏の際、ムッソリーニ臨席のもとで党歌を演奏することが決められていました。トスカニーニはこれを拒否、このためボローニアで暴漢に襲われています。「トゥーランドット」は現在、フィギィアスケート大会でよく耳にする、あの曲です。

これを契機にトスカニーニはファシスト政権下のイタリアでは演奏しないことを決意、バイロイトなどドイツに演奏活動の場を移しますが、一九三三年、ヒトラーが首相になるとドイツを離れてオーストリアに移り、ザルツブルクなどで活躍しました。

ヒトラーがオーストリアを併合する前年、一九三七年のこと、そのザルツブルクの路上でフルトヴェングラーとトスカニーニが口論になったエピソードが残っています。トスカニーニはフルトヴェングラーに向かってこう言い放ちました。

「あなたはナチだから、ここから出ていけ。自由な国と奴隷化された国の双方で指揮する資格はない」。フルトヴェングラーは反論します。

「音楽家にとって自由な国と奴隷化された国の区別はありません。演奏するのがたまたまヒトラーの国だからといっても、聴衆がヒトラーの部下だとは限りません。偉大な音楽こそナチスの敵ではないですか」

口論の真偽のほどは定かではありませんが、このエピソードは当代の二大指揮者の政治的立場を見事に語っています。フルトヴェングラーの政治的無関心は無為に通じ、現状肯定になるからです。

しかし一九三八年、オーストリアがドイツに併合される気配が濃厚になったとき、トスカニーニは予定されていたザルツブルク音楽祭をキャンセルします。そしてファシズムから逃れてきた演奏家たちをスイスのルツェルンに集めてコンサートを開き、これが現在のルツェルン音楽祭の起源となりました。以後、アメリカに定住し、第二次大戦が終わるまでヨーロッパで演奏を行っていません。ちなみに著名なピアニスト、ウラディミール・ホロヴィッツはトスカニーニの孫にあたります。

Ⅳ．スペイン内戦とパブロ・カザルス

二〇世紀最大のチェリスト、パブロ・カザルス（一八七六－一九七三）はスペイン北東部カタルーニャ州の出身です。ピレネー山脈と地中海に面したカタルーニャでは、人々はカタルーニャ語を日常語とし、二一世紀の今日でもカタルーニャ独立の機運が高い地方です。州都バルセロナに一八八二年から建立が始まった世界遺産、サグラダ・ファミリア（聖家族）教会があり、設計者ガウディ（一八五二－一九二六）の没後も建て続けられ今日に及んでいます。カザルスを語るにあたって、スペイン近現代史、特にスペイン内戦が欠かせません。簡略に触れておきましょう。

スペイン内戦

一五二一年、現在のメキシコに遠征したエルナン・コルテス（一四八五頃－一五四七）がア

ステカ王国を滅亡させ略奪を開始して以来、スペインはアメリカ大陸に広大な植民地を獲得して黄金時代を迎えました。しかし一五八八年、スペインの誇る無敵艦隊が英国に惨敗、一八世紀末に植民地が独立すると、スペインの隆盛に陰りが見え始めます。

そして迎えた二〇世紀初頭、保守派と共和派の政争が激しくなり、国内は不安定に陥りますが、一九三一年、第二共和政が誕生します。カタルーニャに自治政府が誕生、カザルスは自治政府の誕生を祝う記念式典でベートーヴェンの「交響曲　第九番」を指揮。さらに、これまでどの選挙も拒否していた彼は、この時、自治政府に一票を投じました。

ところが一九三六年、モロッコの民族運動弾圧で名をあげたフランシスコ・フランコ将軍（一八九二－一九七五）が、本国の人民戦線政府を打倒すべくモロッコで武装蜂起、スペインになだれ込んできました。スペイン内戦（一九三六－一九三九）です。共和派のカザルスはフランスに亡命、スペインとの国境に近いプラドに隠棲し、フランコに抗議して演奏活動を停止します。

一方、フランコはムッソリーニとヒトラーから軍事援助を受け、人民戦線側もフランスに軍事援助を求めました。しかし内戦がヨーロッパ大戦へ広がることを恐れたフランスは武器援助をしません。ソ連はスペインがファシスト国家になることを嫌って軍事援助、ソ連製の航空機や戦車がマドリード防衛戦などに投入されました。

ピカソのゲルニカ

一九三七年四月二六日、ドイツ空軍のコンドル軍団は、突如、スペイン北部バスク地方のゲルニカを無差別爆撃。ゲルニカがドイツと特別緊張状態にあったわけではありません。フランコ将軍黙認の下、ドイツ空軍が第二次大戦に向けて行った絨毯爆撃の予行練習でした。空爆のあった月曜日は市の立つ日で、そこを三時間余りにわたって爆撃と機銃掃射をあびせたのです。こうして一六〇〇人以上の住民が犠牲になりました。

この爆撃を行ったのは誰か、すぐに世界中が知ったわけではありません。バスク人どうしの内紛論、あるいはソ連による爆撃など、さまざまな憶測が乱れ飛びました。主犯が誰か分からないまま世界は第二次大戦に突入。戦後の一九四六年、国家元帥で戦犯のゲーリングが自白し、ドイツ空軍による爆撃だったことが初めて公に知らされたのです。

ゲルニカには地方自治の象徴とされる古い樫の木（ゲルニカの木）があり、代々スペインの領主たちは、その木の下でバスク民族の権利を尊重する誓約の儀式が行われていました。住民はバスク語を話し、古代ローマの支配下でも実質的に独立を保ったほど独立志向の強い民族です。そのゲルニカが何の理由もなく無差別爆撃をうけ、灰塵に帰したのです。スペイン南部アンダルシア地方に生まれ、一四歳でバルセロナに移住した画家パブロ・ピカソ（一八八一－一九七三）は、空爆のあったその年に著名な大作「ゲルニカ」（三五〇×七七六センチ）を発表。突然の爆撃で死児を抱えて絶叫する母親、倒れる兵士、いななく馬や牛をあえて単色で描いて激しく抗議、パリ万国博覧会に出品しました。ゲルニカの悲劇はピカソの一枚の絵によって世界に伝わったのです。

国際旅団（国際義勇軍）

スペイン内戦が始まると、人民戦線を支援する義勇兵が各国からスペインに続々と結集してきました。フランスから、のちにドゴール政権下で文化相となる作家のアンドレ・マルロー。一九一五年ノーベル文学賞のロマン・ロラン。『誰がために鐘はなる』（一九四〇）を書くアメリカのアーネスト・ヘミングウエイ。寓話『動物農場』や反ユートピア（ディストピア）政治小説『１９８４』（一九四九）を書き、評論「右も左もナショナリズム」で、なぜナショナリズムが人間どうしを熱く敵対させるのかを抉った英国の作家ジョージ・オーウェル。日本からはトラピスト修道院（北海道）で育ったジャック・白井などが馳せ参じました。

ピカソ「ゲルニカ」1937　スペイン・マドリード　ソフィア王妃芸術センター
PABLO PICASSO
"Guernica" 1937, Oil on canvas, 349,3 × 776,6 cm, Museo Nacional Centro de Arte Reina Sofia

しかし軍事訓練を受けてない知識人や労働者の国際旅団は各地で苦戦し多くの犠牲者がでます。マドリードの塹壕戦、アラゴンの攻防戦と、フランコ軍が圧倒的に有利となった一九三八年、スペイン共和国政府と国際連盟が国際旅団の解散を命じ、ソ連もこれを支持して国際旅団に参加した人々はそれぞれ挫折感を抱いたまま散っていきました。

一九三七年四月、フランコはすべての政党を解散させファランヘ党に糾合。軍、政府、政党の三権を掌握し総統の地位に就きます。第二次大戦が始まると、彼は戦況の成り行きに注目、結局はヒトラーとムッソリーニに組みせず中立を保ち、この中立と反共主義がやがて西側陣営に受け入れられる要因となります。そしてフランコ独裁は一九七五年に彼が没するまで続くのです。その後スペインは民主化が進み、一九七七年に四一年ぶりの選挙が行われ、七九年に現在の憲法が施行されました。

故国に帰らなかったパブロ・カザルス

カザルスは第二次大戦直後に演奏活動を再開しますが、各国政府がフランコ政権を容認したことに失望し公開演奏停止を宣言します。この間、多くの演奏家がプラドを訪れカザルスに師事したことが機縁となって、一九五〇年からプラド音楽祭が開催されました。しかしカザルスは再び故国の土を踏むことはなかったのです。

カザルスは一九五〇年代後半からノーベル平和賞のアルベルト・シュヴァイツァー（一八七五–一九六五）らとともに核実験禁止運動に参加、一九七一年にはニューヨークの国連本部で国連平和賞を授与されています。そのとき、カタルーニャ民謡『鳥の歌』をチェロで演奏し「私の生まれ故郷カタルーニャの鳥はピース、ピースと鳴くのです」と語ったことは世界中に伝えられました。

第三章　哲学・法学と政治の狭間で

権力を一手に集中させると独裁政治になります。だから権力を立法、司法、行政に分け、互いに監視させる三権分立が民主政治の根幹になっています。

アメリカの場合、国民は選挙人を通じて大統領を選び、大統領は「行政」を担当。それとは別に選ばれた上院・下院の議員は「立法」の場で、「行政」をチェック、ときには大統領と対立します。

現在の日本はどうでしょう。議会（立法）の多数党から行政責任者（首相）をだし、その内閣（首相）が最高裁判所の裁判官を任命する制度は、多数党独裁に陥りやすいシステムといえます。任命権の流れからは三権が独立して相互監視する制度になっているとは言い切れません。現に憲法の番人であるはずの最高裁は高度な政治判断に対して司法審査権は及ばない、と憲法判断を回避する傾向が強いのです。かりに今後、独裁志向の政治家が多くなると、現在のシステムでは容易に一党独裁になりかねません。

とはいえ学校教育を通じて教師は日本は三権分立の民主国家であると教え続けてきまし

た。同時に選挙で一票を投ずることは国民の意思表示であると訴えます。実態は果たしてそうでしょうか。

民主制は古代ギリシャのアテネがモデルとなり、一八世紀の市民革命を機に、国民が主体的に参加する政治体制となって現代に至っています。アテネでは少数の市民がアゴラ（広場）に集まり政治を論じあい、国家意思を決定していました。ここで注目しなければならないのは、アゴラの規模は小さく市民の声がたがいに届いたことです。ギリシアの哲学者プラトンの言葉として「声の届く範囲がデモクラシーの範囲である」というのが伝わっていますが、アリストテレスも『政治学』の中で同様なことを言っています。それは少数の市民が有権者だった時代に機能したシステムでした。

現代大衆社会の有権者は何百万人、何千万人といいます。その声を政治決定機構に反映させるコミュニケーション・チャンネルは充分ではありません。選挙、デモ、世論調査、マスメディア、ネット、政党活動などがありますが、法的効果を持つ民意循環チャンネルが少なすぎ狭すぎて機能障害を起こしています。たとえ選挙で一票を投じても、一般の有権者は自分の声が代議士を通じて十分に国会に反映されていると思っていないでしょう。制度的機能障害です。こうして原発問題、ＴＰＰ、集団的自衛権等に関する国民の声は直接、政治決定機構に届きにくくなっています。一方、政府がＴＰＰ交渉資料を黒く塗りつぶして国会に提出した事例が示すように、与党独裁のおごりが容易に表出しやすい状態になっています。そこにあるのは議会制民主主義という神話だけです。

民主主義の基本である民意循環を実体あるものにするには、ＩＴ技術を駆使して政治決定機構が何をやっているのかを国民が逐次知ることができ、意見を打ち返すシステムの構築が必須なのです。メディアとしての報道機関も変わっていく必要があります。

そのためにはリンカーンの言葉、by the people を改めて国民が自分自身のものにすることが最重要です。Of the people は主権者は国民であることを意味し、for the people は誰のための政治かを示しています。では誰が民主政治を実質的に担うのでしょう。それは主権者自身です。By the people です。とはいえ国民全員が議会に結集することは不可能ですから、選挙によって代表者を決めます。だから民意循環システムが機能不全に陥ると、民主国家の仮面をかぶった一党独裁あるいは与党独裁が容易に出現し、違憲の疑いが濃厚な法律が制定されることになります。後で触れるように、ヒトラーはワイマール憲法を廃止して独自の憲法を制定したわけではありません。憲法を無視し無力化する法律をつくって独裁を確立したのです。

では、一党独裁のヒトラー政権下において、法学者や思想家・哲学者たちはどう対処したのでしょう。法哲学者カール・シュミットと「世界の知性」と謳われた哲学者マルティン・ハイデガーのケースを軸に見ていきましょう。

Ⅰ．法哲学者カール・シュミット

一九三二年七月の選挙でナチスは二三〇席を獲得して初めて第一党になります。その選挙の直前、ドイツ屈指の法哲学者で憲法論のカール・シュミット（一八八八–一九八五）は、ナチスが多数派になることに手を貸す者は誰であっても愚かなふるまいをすることになる、それはワイマール共和国の崩壊につながるからだ、と警告を発していました。

彼はヒトラーとナチスを泡沫に過ぎないとみなし、真面目に受け取るに値しない相手と考えていました。そのナチスが一九二九年の世界大恐慌後に急速に勢力を伸ばし始めると、ナチスを反憲法的政党、過激派政党と断定していたのです。

ドイツ・ヴェストファーレン地方で生まれたカール・シュミットは一九一六年に教授資格をとり、ボン大学、ベルリン商科大学、ケルン大学等で教鞭をとっていました。そしてワイマール憲法の教科書と評された『憲法論』(一九二八)や、『政治的ロマン主義』(一九一九)、『合法性と正当性』(一九三二)を発表し、法哲学者として第一人者となっていました。

大統領緊急令

カール・シュミットを著名にしたのは、ワイマール憲法第四八条の大統領緊急令を法理論で武装したことです。大統領緊急令とは、通常の議会審議や内閣で事態収拾を図ることができない場合、大統領は議会や政府に拘束されずに緊急令を出すことができるという憲法上の規定です。しかし、その規定自体が必然的に基本的人権など憲法の一部停止をもたらすわけですから、ワイマール憲法は当初から内部矛盾を抱えていたことになります。

とはいえ大統領緊急令がドイツの困難な事態を絶えず救っていました。内戦になりかねない混乱をとにかく収拾できたのは次々と発令された大統領緊急令に依るところが大きかったのです。

シュミットの理論は、大統領緊急令によって政治秩序の完全崩壊を防止することができる、事態が収拾したら大統領は速やかに通常の憲法秩序に戻す義務があり、その意味で決して大統領は「代用皇帝」ではない、というものでした。

憲法秩序は破壊させない

混乱のワイマール時代を生きたシュミットは絶えず国家の安定と秩序を求めていました。だから政治活動の自由といっても、それが憲法秩序を破壊するものであれば認めるわけにはいきません。いかなる憲法でも自らの基本的価値（たとえば日本国憲法第九条〝戦争の放棄〟など）を破壊するものに対して中立ではあり得ない、と考えていたのです。たとえある法案が議会の過半数の賛成を得ても、現行憲法の基本的価値と矛盾する場合はその法案を制定・施行することは許されない、と主張しました。何か昨今の日本の憲法九条と安全保障関連法制定をめぐる議論と類似しているように思われます。

では、どうするのでしょう。そうした事態を防ぐために大統領が存在し緊急措置を講ずるのだ、という法理論をシュミットは展開していたのです。

ドイツ経済の大混乱

第一次大戦後、政治・経済的な混乱と動乱に絶えず見舞われたドイツで、シュミットの法理論は多くの知識人の考えを代表していました。なぜなら混乱を乗り切るために強力なリーダー（指導者）が求められていたからです。リーダーとは決定権、執行権を持ち、処罰権を行使する権力者のことです。決して抽象的存在ではありません。現状では、新聞・

ＴＶでおなじみのあの人たちが権力者であり、国家なのです。

ではドイツの経済的混乱はどんな様相を呈していたのでしょう。簡略に取り上げてみます。第一次大戦の負の遺産・賠償金は一三二〇億マルクで、これは当時の年間予算三五億マルクの約三八年分にあたります。年間予算全額を賠償金の支払いに充てるわけにはいきません。仮に予算の三〇％を支払いに充てたとして約一二六年かかる計算になります。二〇％なら約一八九年です。

ドイツ敗戦後、英国代表団の一員としてヴェルサイユ講和会議に参加した近代経済学の父、ジョン・Ｍ・ケインズは、何代にも渡って賠償金を求めること自体、戦勝国側の報復に過ぎず、それは人道に背くものだと主張して代表団を辞任しました。そのくらい賠償金はワイマール共和国に重くのしかかっていたのです。なお、ケインズは『雇用、利子、および貨幣の一般理論』（一九三六）で、経済学に「ケインズ革命」を起こし、先進資本主義国の経済政策に大きな影響を与えた経済学者です。現在でも彼の後継者ケインジアンが少なくありません。

一九二三年一月、そのドイツ経済を一挙に壊滅させる事件が起こります。遅々として進まない賠償金支払を理由に、フランス、ベルギー両軍がドイツのルール地方を占領（〜一九二四・九）。ルール地方は石炭産業を基盤に重工業が発達したドイツ屈指の工業地帯でした。ルール占領に対してワイマール政府はサボタージュ作戦に出ます。それが裏目に出て、ドイツは大インフレーションに陥りました。基準通貨マルクの価値は日に日に暴落し、前年に一ドル四〇〇マルクだったものが、一月に一ドル七〇〇〇マルク、七月に一万六〇〇〇マルク、八月に百万マルク、一一月一日に一三〇〇億マルク、一六日には四兆二〇〇〇億マルクになり、紙切れ同然になりました。給与は大型の旅行鞄に入りきらず、今日は旅行鞄一杯のマルクでパン一切れ買えても明日は分からないという状態です。企業は倒産し、失業者は街にあふれ、ストライキが頻発し、ドイツは混乱の極みに達しました。

しかし急激に襲ってきたインフレは急速に収束しました。その年の一二月、新しい通貨、レンテン・マルクが発行されると、一ドル四・二マルクに回復したのです。世にいう「レンテン・マルクの奇跡」です。

レンテン・マルクはドイツ全土の土地や資産を担保にして発行されました。その結果、荒れ狂ったあのインフレが嘘のように収まった理由の一つとして、ドイツの人々がこの新しい通貨を信用したことが挙げられます。通貨は人々の信用に裏打ちされて初めて使用価値を持ちます。たとえば一九九〇年代、エジプトのアレクサンドリア沖で古代の女王クレオパトラ時代の銅貨が発見されたとき、どの銅貨も物質としては質量ともに同規模でしたが、銅貨の上に刻印された数字が違っていました。刻印された数字、つまり記号が違うだけで銅貨の経済的価値が異なり、通貨として使用されていたのです。ここから分かることはクレオパトラの権威と治世が安定し、銅貨に書かれた数字が信用されたことです。ちなみに、昔の日本で使われた大判・小判は含有する金の量で経済的価値が異なりました。

ウルトラ・インフレに翻弄されたドイツの人たちの願いがレンテン・マルクの奇跡をもたらしたといえます。

そして「ドーズ案」（一九二四）、「ヤング案」（一九二九）と賠償条件が緩和され、加えてアメリカ資本が一九二九年までに二五億ドル導入されたことなどが大きな要因となってドイツは経済再建と合理化に成功しました。映画、演劇、カバレット、大衆の熱狂的ダンス、スポーツの興行化、前衛美術などに代表されるワイマール文化が花咲くのです。

ところが一九二九年一〇月二四日、ニューヨーク株式市場で株価が大暴落、大恐慌が世界を覆います。暗黒の木曜日です。たちまちドイツ経済は恐慌のどん底に陥りました。

ヒトラーのミュンヘン一揆が一九二三年、合法政党としての再出発が一九二五年、急速に勢力を延ばしたのが一九二九年の世界大恐慌後だったことを重ね合わせてみてください。

独裁への予感

問題は大統領緊急令の存在そのものにありました。憲法が自分自身の中に憲法停止という反価値を内包していたこと自体が問題でした。憲法を停止した者がそのまま皇帝や独裁者にならないという保証はどこにもありません。また、反憲法的勢力を阻止するために憲法を停止すること自体も矛盾していました。だから大統領緊急令を法理論で正当化することは論理的矛盾に陥ります。なぜなら憲法停止は政治そのもので、超法規的措置だからです。

僅か一四年間のワイマール共和国で次々と出された大統領緊急令は、まだ民主主義が根付いていないドイツの人々に、ますます民主制を軽視させる結果となっていきます。大統領緊急令に頼らなければ首相を任命できない事態になったとき、すでにヒトラー独裁への準備は整っていたのです。その後はシュミットが予告したとおりの展開になります。彼は一九三二年春、ヒトラー政権誕生のほぼ一年前、こう書きました。

「権力を合法的に掌握した政党は、政敵に不利となるよう選挙法を改正したり、政敵に対しては平等の機会を拒否することで、権力の門戸を合法的に永久的に閉ざしてしまいます。憲法改正もできるでしょう。（ナチのような）反憲法的政党がいったん権力を手中に

したならば、その法的権限を利用して憲法を破棄することができるのです」（ベダンスキー）

「全権委任法」

ヒトラーの政権掌握直後の選挙（一九三三・三・五）で、ナチスは四三・九％の票を獲得、六四七議席のうち二八八議席を占めました。社会民主党一二〇議席、共産党八一議席、その他中央党などが一五八議席でした。ナチスは第一党となったものの過半数に達しなかったのです。ちなみにワイマール憲法下での選挙は比例代表制です。

しかし、一九三三年三月二三日の議会でヒトラーは「全権委任法」（Ermächtigungsgesetz）を成立させます。共産党は一九三三年二月に起こった国会議事堂放火事件の濡れ衣を着せられ、議員は投獄および保護検束されていました。カトリック系の中央党は後述するヒトラーと教皇の政教条約が交渉中で骨抜きとなっていました。ＳＡ（突撃隊）の妨害を何とか排除した社会民主党は議事堂に入りましたが、反対演説が出来たのは一人だけで「全権委任法」は四四一対九四で可決されました。「全権委任法」の正式名称は「民族および国家の危難を除去するための法律」といいます。

二月の国会議事堂放火事件直後の大統領緊急令で、ワイマール憲法の基本的人権は停止されていましたから、「全権委任法」の成立で独裁体制は確立したのです。ちなみにヒトラーは独自のナチス憲法を制定したわけではありません。

この他に、州（ラント）の自治権を奪って国家（ライヒ）の管轄下におく一連の法律、政党の新設を禁止する法など、一一ほどの法律を合わせて「ナチスの憲法」と通称し、いずれも政権獲得の一九三三年と翌年の三四年にかけて短期間に制定されています。

シュミットの転向

では、あれほどナチスの危険を警告していたシュミットはどう対処したのでしょう。彼は新しい事態を正確に理解し、現実を受け入れました。五月一日入党、党籍番号二〇九八八六〇。

「全権委任法」成立から一週間と経たないうちに、彼はこの「全権委任法」は一九一八年のドイツ革命に匹敵する決定的変革である、と論文を書きます。単なる憲法の一部改正や暫定的緊急規定ではなく新たな法秩序が生まれたのだ、と説きました。

あざやかなシュミットの転向です。シュミットに反ナチ的前歴があるにも関わらず、ナチスはシュミットを受け入れました。彼の法哲学者としての名声を利用するためでした。たとえば、これまで認められていた州政府の自治権を取り上げ、ヒトラーの直轄下におく法律の起草にシュミットは積極的に参画しています。そしてプロイセン枢密顧問官、ベルリン大学公法学正教授として、ナチス・ドイツの弁護人になります。

そのため彼はワイマール時代に書いた反ナチ的著書を、ナチスに都合のよいように書き換えました。戦後、英国の作家ジョージ・オーウェルは『１９８４』（一九四九）の中で、過去の歴史的事実を都合のいいように書き換える独裁国家（管理社会）の姿を辛辣に描くことになります。そこで『１９８４』の反ユートピア（ディストピア）的スローガンを掲げてみましょう。ナチス・ドイツおよび現代大衆社会をズバリと言い当てていると思うからです。


「戦争は平和なり。自由は隷属なり。無知こそ力なり」

（War is Peace, Freedom is Slavery, Ignorance is Power）

法律の不遡及性

「ヒトラーの法律」はそれまでの法概念を根底から覆すものでした。法律、特に刑法は罪刑法定主義ですから、制定以前に遡って適用されないのが近代刑法の大原則です。ヒトラーはこの「法律の不遡及性」を平気で破りました。

たとえば一九三三年二月に国会議事堂放火事件が起こると、翌日に法改正を行い、それまで終身刑だった放火犯を死刑に変更、翌々日には放火犯の処刑を合法化するため前日改正したばかりの刑法をもう一日繰り上げて施行しました。

一九三四年六月三〇日、ヒトラーはSA（突撃隊）幕僚長エルンスト・レーム（一八八七－一九三四）と幹部たちを粛清しました。「長いナイフの夜」事件です。レームはナチ党ではヒトラーの先輩にあたり、七万人程度だったSAを急成長させ、一九三四年には約五〇万人に増大、総統の地位を脅かしかねない存在になっていました。その夜、ヒトラーはSS（親衛隊）にヴァイスゼー温泉で集会を開いていたSAを急襲させ、幹部を捕えて少なくとも八五人から一〇〇人を射殺、翌日、レームも刑務所の独房で殺害されました。

七月三日、これらすべての殺害を合法化する「国家緊急防衛措置法」が制定されます。事件を起こした後に、それを正当化する法律を作り遡って適用したわけで、法律の不遡及性など片鱗もありません。

こうしたヒトラーの法律を正当づけるのがシュミットの役割でした。彼は「総統の存在から裁判権が生ずる」「総統の行為は法に属するものでなく、総統自体が最高の法である」と、ナチの弁護人としての職責をまっとうしていきます。

一九三九年のポーランド侵略の直前、シュミットはキール大学の演壇に立ち、ドイツ国家は新たな国際秩序の担い手であると主張します。まるで第二次大戦を予告するような演説でした。

ナチ化も非ナチ化もされなかった

第二次大戦後、ニュルンベルク裁判で尋問を受けますが不起訴になります。法理論家のシュミットを有罪にすることは非常に困難でした。彼は友人や娘に次のように述べています。それは現代社会を考えるうえで極めて重要で厳しく残酷な事実をわれわれに突きつけています。

「憲法とか国際法とは本来、政治的なものです。公法に携わる者の学問的業績は、特定の国家、特定の集団と権力、特定の時代によって左右されます。それは科学者、官僚、その他の職業人がそれぞれの場で第三帝国に仕えたのと、まったく同様に、私も単に法学者の役割を果たしたに過ぎません」。さらにこう言いました。「私はナチ化も非ナチ化もされなかった」（ベダンスキー）

これはシュミットがテクノクラート（technocrat）であったことを自認した言葉です。一般にテクノクラートとは、高度の専門知識や技術をもって政治・社会組織の管理・運営に携わり、組織の意思決定と執行を行う専門職を意味します。シュミットは共和政、独裁制と、どの時代にも仕えました。テクノクラートは重要な政治的決定にかかわりますから、必然的に責任を伴います。それを「ナチ化も非ナチ化もされなかった」と言ってのけ、責任を回避したシュミットはテクノクラートの典型でした。いつの時代にも存在する御用学者だったのです。

Ⅱ. 哲学者マルティン・ハイデガー

法学者と比べると哲学者は政治に直接関わるわけではありません。直接関わらなくても、時代をリードした哲学者や思想家は国内外の多くの知識人に対して影響を与えます。

戦前・戦後を通じて世界の哲学者・思想家・作家らに大きな影響を与えたドイツの哲学者マルティン・ハイデガー（一八八九―一九七六）はヒトラーより五カ月早くドイツ・バーデン地方で生まれました。二五歳のとき第一次大戦勃発、多くの若者と同様に志願兵として登録しますが心臓病のため兵役を免除され、翌年、国民軍として前線気象観測業務に就きました。

戦後、ユダヤ系オーストリア人の哲学者エドムント・フッサール（一八五九―一九三八）に師事、フライブルク大学で上級助手になり講義を受け持ちました。そして一九二三年、フッサールの推薦でマルブルク大学助教授に就任します。かの著名な『存在と時間』（一九二七）はこの時代に書かれ、ハイデガーの名は世に知れ渡り、一躍「世界の知性」と言われ、その影響は広く世界の知識人に及びます。フランスでは作家のジャン＝ポール・サルトル、日本では哲学者の西田幾太郎、三木清らがいます。

人間のことを「現存在」と呼んだ『存在と時間』は極めて難解ですが、その一部を普通の言葉に置き換えてハイデガーに触れてみましょう。プラトン、アリストテレス以来、西洋哲学は〈存在とは何か〉を問い続けてきた歴史があります。ハイデガーは〈存在〉について「伝統がすでに自己を規定している。だから民族の伝統を自覚的にわが身に引き受けることからすべてが始まる」と説いています。これは後述する遺伝情報（ＤＮＡ）と社会情報（文化）の相違と関連をハイデガーは既に指摘しているように思われます。しかしなぜ、彼にとって民族の伝統がナチズムと同義語になったのでしょう。

愛人ハンナ・アーレント

彼のカリスマ性に魅せられて男女の学生が集まってきました。教室に入りきらず廊下にまであふれたと伝わっています。その女子学生の中にユダヤ系ドイツ人ハンナ・アーレント（一九〇六–一九七五）がいました。哲学の相談のために彼女がハイデガーの研究室を訪れ、二人だけで短い問答をしたとき、突如、ハイデガーは彼女の前にひざまずき求愛、一瞬、躊躇しますがアーレントは彼を受け入れました。この時、ハイデガーは『存在と時間』を準備中で、彼にとってアーレントは女神ミューズと映ったのでしょう。ギリシア神話でミューズは人間のあらゆる知的活動をつかさどる女神です。ハイデガー三六歳、妻と子ども二人がいました。アーレント一八歳。二人の関係はハイデガーがフライブルク大学に移るまで続きます。

その後アーレントは、実存哲学創始者の一人、カール・ヤスパース（一八八三―一九六九）のもとで学びますが、一九三三年にパリに亡命。そしてパレスチナにユダヤ人の国家を建設するシオニズム運動に参加し、パリがドイツ軍に占領された翌年の一九四一年にアメリカに渡ることになります。

フライブルク大学総長に就任

一九二八年、フライブルク大学を退職することになったフッサールは後任にハイデガーを指名、その年ハイデガーはフライブルク大学教授になります。そしてヒトラーが首相になってほぼ三カ月後の一九三三年四月二一日、フライブルク大学で次期学長選挙が行われました。社会民主党員で解剖学者のメレンドルフが最有力候補でしたが、ナチ党員らの推薦を受けたハイデガーが学長になります。その一〇日ほど後の五月一日、メーデーを改称した「国民的労働の祝日」にハイデガーは同僚二二名とともにナチ党に入党しました。党籍番号三一二五八九四。この入党は、彼自身の意思というよりも、大学学長がナチ党員でないのはおかしい、と州文部大臣に強く要請されたためだという話が伝わっています。ちなみに、ハイデガー夫人エルフリーデは一九三〇年九月の選挙でナチスが第二党になった頃、既に熱烈なヒトラー支持者で、それがドイツ国民の趨勢になっていました。

政教条約（Concordat）

ハイデガー夫人に限らず、ナチス支持の傾向はドイツのカトリック界でも現れました。ハイデガーが若い頃、深い影響を受けたフライブルク大司教コンラート・グレーバーは、共産主義への恐怖から、それまで対立していたナチスと和解しナチス・ドイツを拒否してはならない、とカトリック系の中央党機関紙で発言しました。ナチスを公然と支持した最初のドイツ人大司教です。

一九三三年七月、ローマ教皇ピウス十一世（在位一九二二―一九三九）は、ドイツ政府と政教条約を結びます。すなわちナチス・ドイツは、カトリック教徒の信仰の自由を認め、教会の自治権、教育上の役割と財産を保護することを誓約。教皇は聖職者がいかなる政治活動にも参加しないことを約束したのです。

この政教条約によってドイツ国内の聖職者は一切の政治活動ができなくなり、それは事実上、中央党の解散を意味しました。一方ナチス側は、教皇がナチ政府を承認したとして大いに宣伝材料に利用しました。とはいえナチは政教条約を忠実に履行したわけではありません。ピウス十一世は一九三七年、ナチ党のやり方を率直に非難する回勅(書簡)を発するに至ります。

政教条約締結を補佐したのが教皇庁国務長官で、ピウス十一世昇天後、教皇となるピウス十二世(在位一九三九―一九五八)です。共産主義を嫌悪していたピウス十二世は共産党のさまざまな行為を非難する一方で、ナチの残虐行為に対して抗議しなかったため、教皇自身が非難の矢を浴びることになります。とはいえ教皇の立場は複雑でした。なぜならヒトラーの反共産主義を支援しないわけにもいかず、かといってソ連が連合軍の一員である限り、連合軍を完全に支持するわけにもいかなかったからです。

第二次大戦後、こうした事態は大きく変わります。それぞれの宗教の違いを超えて互いに手をとりあい人類平和のために協働しようと、カトリックが大きく舵を切り替えるのは一九六二年の第二ヴァチカン公会議からで、それまでさまざまな紆余曲折があったのです。

同じカトリックでも独自の道を歩んだ司祭がいました。一九三〇年から六年間、日本で布教したポーランド出身のマクシミリアン・M・コルベ司祭が帰国して間もなく、故国はヒトラーの占領下に置かれました。彼はポーランドとカトリック教会を守るため占領軍と対立、政治犯として逮捕され、一九四一年、アウシュヴィッツ絶滅収容所に送り込まれます。

ある日、妻子ある元ポーランド兵士が餓死による死刑宣告を受けたことを知り、兵士の身代わりとなって自ら餓死独房に入り一四日間生き続けましたが、最後は毒物注射によって処刑されました。

一九八二年になって教皇庁はコルベを聖人に列します。命を助けられ、既に老人となった元兵士も参加して列聖式は行われました。彼は九四歳で天寿を全うするまで世界各地を回り〈アウシュヴィッツの聖者コルベ〉の講演を続けたのです。

学長辞任後のナチへの協力

五月の学長就任演説で、ハイデガーは大学をナチ革命の精神と一致させるよう訴えます。式典ではナチ党歌「ホルスト・ヴェッセル」が演奏され、非党員に対してナチ式敬礼を義務づけました。

秋には、ナチスは労働者の国家だから学生諸君はナチ党が推進する労働奉仕に積極的に参加し、ヒトラーが唱える国民の同質化（Gleichschaltung）をさらに強化させるべきだと力説しています。なお同質化については改めて触れることにしましょう。

そのフライブルク大学で学生同士の衝突が起こりました。カトリック学生同盟らと過激なナチ学生同盟とが対立、教授陣も分断して内紛が顕在化しました。ハイデガーが推進した大学のナチ化改革が混乱をもたらしたのです。さらに教授陣の人事に州文部省が介入したこともあって、一九三四年四月、ハイデガーは学長を辞任、僅か一年ほどの学長でした。

学長を辞任したハイデガーをナチスはさらに活用しました。辞任から半年後、ナチスの幹部養成機関「ドイツ政治大学」の秋学期にナチの幹部、内務省局長、州首相、党中央指導部経済政策委員会議長らが講義シリーズを組んだとき、世界的知名度の高いハイデガーも講師団に加わって講義シリーズの評価を高めました。冬学期には国家元帥ゲーリング、宣伝相ゲッペルス、さらにナチスのイデオローグとして高名な二人、すなわち『血と土』のダレ、『二〇世紀の神話』のローゼンベルクらと並んで、ハイデガーも名を連ねていました。古参党員のダレ（一八九五－一九五三）はナチ党員の農業労働者を「ナチ農民団」に組織し、食糧農業相に就任。同時にSS（親衛隊）の人種・移民局名誉長官になったナチ思想家です。戦後、連合軍に捕えられ禁固五年の刑を受けています。ローゼンベルク（一八九三―一九四六）は早くから反ユダヤ主義の著述家・ナチ思想家として知られていました。彼は自由主義によって北方民族の優越性が損なわれた結果、劣等人種が実権を握ったと論じ、それらの劣等人種を征服することがドイツ人の義務だと説きました。敗戦後逮捕され、戦争犯罪者としてニュルンベルク裁判で絞首刑に処せられています。学長を辞めてからも、ハイデガーはこうした大物と肩を並べてナチズムを吹聴していたのです。

とはいえナチ勢力が確固となるにつれて、ハイデガーの役割は小さくなっていきます。彼の哲学は極めて高邁にして難解、専門家でさえ読み込めない人もいたくらいですから、ナチ高官がハイデガーを理解できなかったとしても不思議ではありません。利用価値が低下すると、ハイデガーは監視対象にされ、一九三六年五月に国家機密情報機関はハイデガーに対する監視命令を出しています。独裁政治の世界ではよくある話で、内部情報を知りすぎた外部の人物は、秘密裏に消されることが少なくありません。ハイデガーは党員でしたが学者で、ナチ内部から見れば純粋な同志（kamerad）と見なされなかったのでしょう。

こうしてハイデガーとナチスとの距離は次第に広がっていきます。とはいえ彼は各地の大学で哲学の講演活動を続けていました。そして迎えた敗戦前年、五〇〇人を超える学者・芸術家がライン川の堡塁工事に駆りだされたとき、彼は最年長の五五歳で工事に従事した話が伝わっていますが、木田 元は真偽のほどは分からないと指摘しています。

非ナチ化裁判

一九四五年四月、ヒトラーは自殺し、五月にナチス・ドイツは降伏します。フライブルクはフランス軍の占領下におかれ、ナチ党員であったハイデガーは非ナチ化裁判の法廷に呼び出されました。しかしヒトラー時代の後半、彼がナチと距離をとっていたこと、ナチの監視下にあったことなどが考慮され、一九四五年に出された無期限教職禁止令は五一年に撤回され、ハイデガーは復職と同時に退官、フライブルク大学名誉教授となります。この過程を見ると、もし非ナチ化裁判が事実審に徹していたのならハイデガーは重罪になったかもしれません。多くの哲学関係者が「世界の知性」を泥で汚したくなかったというのが本音でしょう。

ハンナ・アーレントとの再会

アメリカに亡命していたアーレントは評論活動のかたわら、「ユダヤ文化再興委員会」

の仕事についていました。ユダヤ文化再興とは、ナチや大戦で失われたユダヤの文化財や書物を発見・修復・保存する仕事です。

一九四九年一一月、アーレントはその仕事でヨーロッパを再訪しました。そして戦後アメリカからドイツに帰りハイデルベルク大学の再建に尽力した師、カール・ヤスパースとの再会を果たします。しかしハイデガーと会うかどうかは決めかねていました。一九五〇年二月、アーレントは仕事でハイデガーのいるフライブルクへ立ち寄ることになります。衝動にかられて彼女はハイデガーに手紙を書き、彼は直ちにホテルにやってきました。ハイデガーはいそいそとした素振りで、まるで二人の関係が二〇年以上も前であることに気が付かない様子でした。一方、アーレントは再会することで過去の清算を果したのでしょう。こうして彼女は、人間としてのハイデガーではなく、彼の著作を読み直し、その思索に触れ直し、哲学者としてのハイデガーを再認識していくのです。

戦後から一九七〇年代後半まで、ヒトラーやナチスを極悪人、性格異常者、狂人と決めつける論調が主流を占め、それ以外の表現はタブーとなっていました。そんな時代、アーレントは『全体主義の起源』（一九五一）を発表します。狂人説などの特定概念でファシズムを捉えるのでなく、ファシズムの実態を見て、なぜそうなるのかを究明することが重要であると主張しました。アメリカ国籍を取得後、『人間の条件』(一九五八)を世に出し、プリンストン大学などの教壇に立ちます。そして、後で触れるアイヒマン裁判を傍聴し『エルサレムのアイヒマン——悪の陳腐さについて』(一九六三)を発表、なぜ普通の人間がナチのように残酷になれるのかを問いかけました。

ナチズムしかなかった

一九六六年、ハイデガーは自分の死後発表することを条件に、報道週刊誌「シュピーゲル」(Der Spiegel)のインタヴューを受け、彼は「ドイツが生きながらえるべきであるなら、一九三三年の時点では、ナチズムのほか選びとるべきものがなかった」と答えています。これは当時のドイツの人々の偽らざる心境でしょう。

一方、哲学者ハイデガーの社会的責任を問う論争は今でも続いています。二重人格を描いた英国スティーブンソンの小説に例えて、悪辣なナチ党員ハイド氏と善良な哲学者ジキル博士の同時存在がハイデガーなのだという指摘。あるいはハイデガーは一時期ファシストになったのではなく、終始変わらぬファシストだったという糾弾。さらにヒトラーのファシズムとハイデガーの哲学とは一九世紀以来のドイツの非合理主義に根差しているという分析に至るまで、さまざまな立場からハイデガーの社会的責任が問われ続けています。戦後、アウシュヴィッツの悲劇が一般に明らかにされたとき、ハイデガーは口をつぐみ、沈黙を保ちました。ヒトラーの唱えたドイツ国民の同質化とは、裏を返せば異質者を徹底的に排除することですから、ナチ幹部に近かったハイデガーが絶滅収容所を知らないわけがありません。沈黙は保身に過ぎなかったのでしょう。

著名な哲学者であればあるほど、その影響力が大きければ大きいほど、重い社会的責任を問われるのは当然なことです。ハイデガーにはその自覚がなかったと言ってもよいでしょう。哲学と政治とはもともと別な世界であって、次元が異なると思っていたのでしょうか。

古代ギリシアの哲学者ソクラテス（前四六九頃-前三三九）は、アテネが信ずる神と異なる神を信じたとして死刑宣告を受け、自ら毒杯をあおぎ従容として死についたことなど、同じ哲学者として忘れてしまったのでしょうか。

第四章　物理学と政治の狭間で

本来、自然科学に国境はありません。たとえ人種・宗教・民族・歴史・風習がどんなに違っていても、自然科学の世界は国境を越えて共通の科学記号、方程式、数式を使って認識を共有する分野であることは前述したとおりです。なかでも物理学は自然現象をつかさどる法則を発見し、体系化し、応用への道を開く学問分野ですから、ナチ時代に盛んとなった優生学や人種学と異なり、「ユダヤ的物理学」「アーリア的物理学」など、イデオロギーやナショナリズムに左右されない研究分野であるはずです。

ところがナショナリズム旋風が吹き荒れたナチス・ドイツで、アーリア的物理学を推進した物理学者が現れました。狙われたのはユダヤ系物理学者、国際派・平和主義者の物理学者です。

I．物理学者とナチ政権

アルベルト・アインシュタイン

特殊相対性理論、一般相対性理論、光量子仮説による光の粒子と波動の二重性など、二〇世紀最大の物理学者アルベルト・アインシュタイン（一八七九－一九五五）はユダヤ系ドイツ人として、ドイツ南部のバーデン＝ヴュルテンブルク州で生まれました。一九二一年、ヒトラーがミュンヘン一揆を起こす二年前にノーベル物理学賞を受賞し各国を飛び回って講演、日本には一九二二年に訪れ大歓迎を受けています。

しかし一九三三年の「職業官吏制の再建に関する法律」、三五年からの「ニュルンベルク諸法」とユダヤ人への締めつけが厳しくなると、アインシュタインも例外ではなくなりました。ヒトラーはアインシュタインがユダヤ系であり、国際派であり、平和主義者であることに我慢がならなかったといいます。党名を思い出して下さい。ナチスとは、「国家」社会主義「ドイツ」労働者党、つまり国粋主義です。

アインシュタインが三度目の訪問でアメリカへ渡った翌年の一九三三年、ドイツがヒトラー政権になると、ドイツの各新聞はいっせいにアインシュタインに非難攻撃の矢をあびせました。アインシュタインはドイツへの帰国拒否を宣言して、これに応えます。その年の三月、アインシュタインがヨーロッパに帰ったときベルギーに滞在しますが、ナチスは報復措置としてドイツ国内にある彼の財産を没収、アインシュタインの首に賞金をかけるという愚挙にでました。これに対しアインシュタインは最も会員になりづらく権威の高いプロイセン科学アカデミーを脱退、アメリカのプリンストン高等研究所で相対性理論をさらに深く追求していくことになります。一九四〇年にアメリカ市民権を得、終生、平和主義を貫き、英国の哲学者バートランド・ラッセル、作家H・G・ウエルズらと世界政府論を提唱するのです。

フィリップ・レナート

一九〇五年にノーベル物理学賞を受賞したフィリップ・レナート（一八六二―一九四七）はハンガリー生まれですが、祖先が一七世紀にハンガリーに移住したドイツ人の家系だったため、一九〇七年にドイツ国籍を取得しています。ハイデルベルク大学、キール大学などで教え、一九〇七年にはハイデルベルク大学に創設されたフィリップ・レナート研究所の所長に就任しました。

ヒトラーがランツベルクの監獄で『わが闘争』を書いていた頃、レナートは既に六〇歳を過ぎていました。彼は国粋主義者・反ユダヤ主義者として知られ、早くからアインシュタインを攻撃していました。相対性理論は数学的なつぎはぎに過ぎず学問的でない、というものです。以後、退職する一九三二年まで彼の研究所は大学関係の極右グループの中心となり、ナチ党員の学生や研究者が大勢集まっていました。

レナートは物理学にナチズムを持ち込みました。政治的・人種的要素を物理学に取り入れ「ドイツ的物理学」（アーリア的物理学）を提唱しました。バイエルヘンはレナートの言葉をこう伝えます。

「〝ドイツ的物理学〟とは?、と人は私に問います。科学は現在もインターナショナルなものだと、私に抗議したい人もいるでしょう。だが、そうした考えには誤差があります。現実には、人間が生み出すものと同様に、科学は人種的・血統的に規定されているのです」

ヨハネス・シュタルク

レナートの「ドイツ的物理学」は、ヨハネス・シュタルク（一八七四－一九五七）に引き継がれました。バイエルン出身の彼は一九一九年にノーベル物理学賞を受賞、ヴュルツブルク大学教授を経て、ナチ政権下では国立理工学研究所長を務めました。「シュタルク効果」の研究で知られ、光量子仮説を誰が先に提唱したかを巡ってアインシュタインやゾンマーフェルトと論争になったとき、シュタルクは激しい誹謗中傷を繰り返し、アインシュタインの相対性理論を「ユダヤ的物理学」と呼んで、ツバをはいた話が伝わっています。ナチ党がまだ非合法下にあった一九二四年ヒトラーと同盟し、三〇年に入党。

「芸術がインターナショナルだと大真面目で主張する者は誰一人いないでしょう。科学についても同じです。一民族の個々の成員は共通の素質を有しているため、一民族に属する科学者の創造活動には、その民族に属する芸術家および詩人のそれと同様に、民族的特質が刻印されているのです」（バイエルヘン）

だから科学者は国家に奉仕しなくてはならない。ナチ国家において学界の指導的立場に就くことができるのは、異民族の人間でなく、国民的自覚をもつドイツ人だけだ、と言い続けました。

こうして優秀な科学者がドイツを去り、一九四〇年代になるとドイツの学問的水準が明らかに低下しました。その責任を問われたシュタルクは、晩年、不遇をかこっています。

戦後、シュタルクは非ナチ化法廷で裁かれ、四年の禁固刑に処せられました。なお、同じ民族的物理学を唱えたレナートは高齢のため不問のままでした。

ドイツにアーリア的学問の嵐が吹き荒れると、ユダヤ系を始め多くの科学者が亡命しました。バイエルヘンの調査に依りますと、ノーベル賞受賞者だけでヒトラー政権誕生の年に一二人、アインシュタイン、マックス・ボルンなどがいました。そして一九四〇年までに二一人のノーベル賞科学者がドイツを去っています。

ヴェルナー・ハイゼンベルク

ドイツ南部バイエルン州に生まれたヴェルナー・ハイゼンベルク（一九〇一－一九七六）は不確定性原理によって量子力学に大きな貢献をした物理学者で三二歳の若さでノーベル賞を受賞しています。それはヒトラー政権誕生の前年のことです。

多くの科学者が国外に逃れたナチス時代、ハイゼンベルクは故国に留まった数少ない反ナチの研究者の一人です。彼は政治の良し悪しは政治家が唱えるプロパガンダにあるのではなく、それを実現する手段にあると考えていました。だからユダヤ系研究者に対するナチスの排斥が激しくなると、ハイゼンベルクはどう対処すべきかを、マックス・プランクに相談します。プランクは量子論の基盤を築いて一九一八年にノーベル賞を受賞し、カイザー・ヴィルヘルム研究所長の要職にありました。戦後、研究所はプランクの功績を称えてマックス・プランク研究所に改称します。

ユダヤ系科学者の追放が、いかに莫大な損失をドイツにもたらすかを憂いていたプランクはハイゼンベルクにドイツに留まるよう説きました。現在の危機状況から逃れることと、ヒトラー破滅後のことを考えるのと、どちらが大切かをハイゼンベルクに問いかけたのです。

「無条件に移住を強制されている人々以外はドイツに留まり、才能のある若い人々を集めて遠い将来のために準備するように努めなければいけません。それは非常に危険で困難が伴うでしょう。やむを得ず妥協することもあるでしょう。その妥協によって後日非難され、おそらく処罰されるかもしれません。それでも、われわれはそれをやらなければならないのです」（ハイゼンベルク）

こうしてハイゼンベルクはドイツに残りました。彼の講義には最前列にナチ学生が陣取り、彼が反ナチ的発言をするかどうかを監視していたと、ハイゼンベルクは自叙伝に書き残しています。ナチ政権下で彼は相対性理論を擁護する立場をとったため、シュタルク、レナートらナチ党員の物理学者から「白いユダヤ人」と呼ばれて激しい攻撃にさらされました。

戦後はマックス・プランク研究所の所長を一九四六年から一九七〇年まで務め、世界の量子力学をリードしたのです。

Ⅱ．原子核分裂のエネルギー

原子爆弾

第二次大戦中、ヒトラーの命令でハイゼンベルクは原爆開発チーム、通称「ウラン・クラブ」のメンバーとなります。しかし、この研究は精神的に非常に苦痛だったと書き残しています。

原爆開発に関するエピソードは数多くありますが、その一つにハイゼンベルクがデンマークの物理学者、一九二二年ノーベル賞のニールス・ボーアに一枚のメモを渡した話が伝わっています。ボーアは一九四〇年、デンマークがドイツ軍に占領されると英国を経てアメリカに逃れます。ボーアがハイゼンベルクから渡されたメモには原子炉の設計図が描かれていました。しかし当のハイゼンベルクはナチ政府から要求された原子炉の開発をさまざまな理由をつけて遅らせていたのです。

第二次大戦が始まった一九三九年のこと、アインシュタインは核分裂が軍事的に利用される危険性があることを指摘、それをナチスが開発する可能性があるとルーズベルト大統領に警告しました。

こうしてアメリカの核分裂に関する研究「マンハッタン計画」は急速に進み、一九四五年七月、原子爆弾の実験に成功、八月六日に広島、九日に長崎に投下され、一瞬にして街も人々も灰燼に帰し、人類史上、最大の戦争悲劇が起こりました。

原爆の開発・研究に携わった多くの科学者・技術者に共通した考えは「これ以上の犠牲者を出さないためには、戦争を早く終わらせるべきだ。そのために原爆の使用も選択肢の一つである」というものでした。

何時の時代も、軍事技術開発にかかわる多くの科学技術者に共通した態度です。研究に没頭する余り、自分の研究が政治軍事的にどう利用されるかを視野に収める科学者は、残念ながら少ないのが現状でしょう。しかし思想家で評論家の唐木順三が鋭く指摘したように、科学者に何の社会的責任もないとは言えないのです。研究も人間の営為のひとつであり、「科学技術信仰」時代を迎えた現在においてはなおさらのことです。これは後で触れる「役割のモデル実験」と大きく関連します。

原子力発電所と核のゴミ

その原爆技術を使って原子力発電所が作られ、当初は「夢のエネルギー」ともてはやされ、日本でも各地に原発が建設されました。そして、二〇一一年の福島第一原発事故、放射能が飛び散り、汚染水は海に流れ、メルト・ダウンした核燃料は取り出せずそのままです。原発を廃炉にするための作業はあと何十年かかるか分からないのが現状です。

人類が生み出した最も危険な廃棄物が高レベル放射性廃棄物です。現在、使用済み核燃料のゴミを処理する方法として、きわめて安定した地層を選んで地下深く埋設する技術開発が模索されています。

フィンランドでは「オンカロ」（隠し場所）計画が進んでいて、地下およそ五二〇メートルの深さまでトンネルを掘り、そこから横穴を掘り広げて放射性廃棄物を処理していく計画です。運用開始が二〇二〇年の予定。その後、百年かけて放射性廃棄物を埋設し一〇万年間そこに閉じ込める計画です。なぜなら半減期が二万四〇〇〇年のプルトニウムの場合、放射能が人体に悪影響を与えなくなるには一〇万年かかると言われているからです。では、その一〇万年間の安全を誰が管理し、経費を誰が負担するのでしょう。国際および国内政治・社会経済事情は一〇万年間変化しないのでしょうか。

日本列島は太平洋プレート、北米プレート、フィリピン海プレート、ユーラシア・プレートと、四つのプレートがぶつかっている火山の国であると言われてきました。ところが二〇一一年三月の東日本大震災以後、ＧＰＳで各地の計測点を詳細に観測すると、東北沿岸では巨大地震で沈下した陸地が逆に数十センチ隆起している。さらに西日本の地殻移動を計測すると、日本列島が乗っているプレートは四つだけでなく、いくつものブロックに別れている可能性があり、それらのブロックの裂け目では大きな地震が発生しやすいことが分かってきた、とＮＨＫスペシャル「巨大災害Ⅱ　地震列島　見えてきた新たなリスク」（二〇一六・四・三）は伝えています。加えて、現在分かっているだけで約二〇〇〇の活断層が日本列島を走っています。

日本政府は科学的に安全性が確認されれば、そこを核のゴミ処理地に指定したいと考えています。では科学的安全性を誰がどうやって検証するのでしょう。またもや戦時中の大本営発表と同様に、御用学者が安全性を御託宣するのでしょうか。事実を別の言葉に置き換えるのが日本のお家芸ですから、いくら政府が科学的に安全だと言っても、一〇万年後のことを誰が保証できるのでしょうか。

未来に対する犯罪

こうして核のゴミ問題、それを引き起こす原発の存在そのものが、現在に生きる私たちが未来に対して引き起こす犯罪となります。
仮に今後も世界中の原発が核のゴミを出し続けるなら、長い長い時間が経つうちに地球は放射能だらけになるのかもしれません。そうなった頃、かって繁栄していたネアンデルタール人やクロマニョン人が滅びたように、私たち現代の人類も滅亡しているのでしょうか。代わって放射能を一種の栄養源とする新知的生物が現れるのかもしれません。現代の人類が滅びるのが自然の摂理だとすれば「私たちの文明は滅びるために栄えている」ことになります。

天界から火を盗み、それを人類に与えたプロメテウスは神々に厳しく罰せられた、とギリシア神話は伝えています。その火は原子力の火だったのでしょうか。

第五章　新聞・ラジオ・映画の囲い込み

一九七一年六月、ニューヨーク・タイムズ紙はアメリカが一九六四年から本格的に介入したベトナム戦争（〜一九七三年米軍撤退、一九七五年戦争終結）に関する政府機密文書をスクープし掲載を始めました。第一回はトンキン湾事件。北ベトナム軍の哨戒艇がアメリカ駆逐艦に魚雷を発射したとされるこの事件をきっかけに、アメリカはベトナム戦争に本格的に介入、大軍を投入し泥沼の戦闘に発展します。米軍はベトナムのジャングルや村をナパーム弾で焼き、村民を皆殺しにするなど残忍な戦いをしました。反面、米兵はどこから何時現れ襲われるか分からない人民軍の反撃に怯え、戦争が終わってみると、戦争の後遺症（トラウマ）に悩み普通の市民生活に戻れないベトナム帰還兵が少なくなかったのです。

なぜアメリカは本格的に介入したのか、誰が決めたのか。ニューヨーク・タイムズ紙はトンキン湾事件はアメリカ側の謀略で、政府上層部はあらかじめ知っていたと伝えました。

国家機密を暴露されて困るのは政府です。政府は地裁に記事差し止めの仮処分を申請、受理され発行停止となります。これに対しニューヨーク・タイムズ紙は裁判（本訴）を起こして地裁で勝訴、発行を続けます。政府はまた発行停止の仮処分を高裁に申請、ニューヨーク・タイムズ紙は高裁に提訴して勝訴、とうとう最高裁で新聞社側が勝ち、報道の自由は守られました。アメリカ国民は新聞社のジャーナリズム活動によってベトナム戦争の実態を知ったのです。

このベトナム秘密文書暴露事件は少なくとも三つのことを語ってくれます。第一に政府はいつも正しいとは限らないこと。第二に政府内部に政府の不正を暴く匿名の告発者がいたこと。第三はニューヨーク・タイムズ紙は倒産を覚悟し社運をかけて政府の謀略を暴き、言論の自由を守ったことです。二一世紀の日本で「特定秘密保護法」ができ、内部告発しづらい雰囲気が強くなっています。民間企業も同様ですが、事情に通じた人が不正を告発しなくて、どうして健全な社会が保たれるのでしょうか。

一九七二年六月に起こったウォーター・ゲイト事件では、ワシントン・ポスト紙の記者がさまざまな妨害を排除して徹底的に取材、黒幕がニクソン大統領陣営の大物であることを突き止め、アメリカ史上初めて現職大統領の辞任に至りました。

この二つの調査報道はアメリカ・ジャーナリズムの代表例として現在でも語り継がれて

います。新聞社側の勇気と覚悟がどれほど大変だったかを想像してみてください。

新聞社などマス・メディアを完全掌握下においたナチス・ドイツでは、報道の自由などありません。新聞社、ラジオ会社、映画会社を囲いこんでしまいます。

I．新　聞

ドイツでは全国紙がなく、ベルリンで三大新聞と呼ばれていたのは、リベラルな記事のウルシュタイン社「フォス新聞」と一九世紀末にルドルフ・モッセが創刊した「ベルリン日刊新聞」、それに右翼の大物フーゲンベルクの日刊紙がありました。フーゲンベルクはベルリン以外にも各地で地方紙を発行し、映画会社ウーファ（UFA）を傘下に収めメディア王と呼ばれていました。ちなみに彼はドイツ国家人民党の党首で、一九三三年一月のヒトラー連立政権に入閣、短期間ですが経済・食料相を務めました。そしてフーゲンベルクの新聞は一九四三年にナチ党に買収されます。

政党は右派・左派・中道ともそれぞれ自派の新聞を発行していました。ナチスの機関誌「フェルキッシャー・ベオバハター」紙は、ヒトラーがビアホールの一揆を起こしたミュンヘンで発行され、ゲッペルスはベルリン大管区指導者になると「デア・アングリッフ」紙を発行します。「ベルリーナ・アルバイター新聞」で論陣をはっていたナチ左派のグレゴール・シュトラッサーは一九三六年に粛清されます。

新聞の発行停止と買収

政権獲得の翌日、ゲッペルスはゼネストを労働者に呼びかけたドイツ共産党の機関紙「赤旗」を差し押さえ、二月三日には社会民主党の機関紙「前進」を発行停止処分にしました。その翌日、大統領緊急令が出され、言論の自由を徹底的に制限する権限がヒトラー連立政権に与えられます。こうして一カ月でおよそ六〇の共産党系新聞、七一の社会民主党系新聞を発行停止処分にしました。

同時に一般紙をナチ系に囲いこむ買収工作を進めます。その方法は如何にもナチ流でした。新聞社を保護し独立を保障するという大義名分の下で、許可なく所有権の移転を禁止。これによって新聞社の資金ぐりが困難となり、経営難に陥った新聞社をただ同然で買い取りました。こうして一九四一年には、ドイツ一般紙の総発行部数二、四六〇万部の大半はナチ所有の新聞社で占められました。

ウルシュタイン社の場合は、些細なことをきっかけに宣伝相ゲッペルスが編集長を投獄、買収の口実をつくります。そして資産価値数億マルクのウルシュタイン・コンツェルンに対し僅か一二〇〇万マルクの値をつけますが、結局は一マルクも支払わずに手に入れたのです。

新聞のオーケストラ化

一九三三年一〇月「編集者法」が施行され、すべてのジャーナリストはゲッペルス発行の免許証携帯が義務づけられました。若干の例外を除いて、ユダヤ人はあらゆる分野のジャーナリズムから締め出され、新聞社の社主になるためには一八〇〇年にさかのぼって純粋なアーリア人種であるか、または同様のアーリア人種と結婚していたことが証明されなければなりません。

〝新聞のオーケストラ化〟と言ったのはイタリアの独裁者ムッソリーニですが、ドイツの新聞も宣伝省が振る指揮棒に従って一斉に同じような記事を載せるようになります。「編集者法」の草案を書いたナチ党新聞部長オットー・ディートリヒは、一九三三年四月「ドイツ新聞連盟」議長となって統制に乗り出し、三七年に宣伝省次官となると、毎日、宣伝省で会議が開かれ、ニュースや解説として何が適切か、どういう表現が効果的かが検討され、その結果は直ちに新聞・雑誌の編集者に渡され、どの新聞も大同小異の記事を掲載しました。日本でＮＨＫ会長は「政府が右と言ったものを左と言うわけにはいかない」と発言しましたが、ゲッペルス指揮下のドイツの新聞と非常に酷似しています。

とはいえ編集者たちは宣伝省以外からも情報を入手していました。編集者も一般市民もひそかに外国放送を聞いていたのです。第二次大戦中、ベルリン大洋横断通信社に勤務したゲルダ・ツォンはロンドンのロイター通信が伝えるドイツ軍の残虐行為を編集者たちは聞いていたと証言しています。しかし彼らは毎日決まり文句を使い、あたかもドイツ国民すべてがヒトラーを支持しているかのように書きたてました。「一致団結」「偉大なるドイツ、向かうところ敵なし」「総統は命令された。われらは従う」……そして「世界を制覇し、西欧を共産主義から救うことだけが、われわれドイツの使命なのだ」と、どの新聞も呼びかけていました。太平洋戦争中、大本営発表をそのまま紙面にし、放送した日本と全く変わりありません。

隠れ蓑としてのナチ機関紙

ナチ党の機関紙「フェルキッシャー・ベオバハター」紙はミュンヘン版に加えて一九三三年にベルリン版、三八年にはウィーン版を発行し、一九四一年には全発行部数を一二〇万部に伸ばしました。全国紙なみになった党機関紙をナチ党員だけが読んでいたわけではありません。一般市民があらぬ疑いで反ナチと非難されるのを防ぐために「フェルキッシャー・ベオバハター」紙が必読紙となっていたのです。

Ⅱ．ラジオは最大の武器

多くの人々に生で情報伝達できるラジオ放送は二〇世紀が生んだ大衆メディアの一つです。一九二二年アメリカのピッツバーグで始まり、翌年にはドイツでも熱狂的なラジオ時代を迎えました。

大衆感化装置

一九三七年九月、イタリアの独裁者ムッソリーニがドイツを訪問、その歓迎式の様子はラジオを通じてイタリア、ドイツ全土に放送されました。好ましくない国の新聞や雑誌は国境で阻止できますが、電波は国境を飛び越えて情報を伝えます。たとえば一九八九年、東欧の社会主義国が次々と崩壊した遠因の一つに、西欧側のテレビ番組が国境を超えて入っていたことが挙げられます。西欧のスポーツ中継、ニュース、娯楽番組などを見た東欧の人たちは、豊かで自由な西欧の暮らしに接し、自国の権力者が説く西欧事情と全く異なることに気がついたのです。
ゲッペルスはこのニュー・メディア、ラジオが国民精神総動員に欠かせない大衆感化装置であることを見抜きました。なぜなら活字は読んで理解する媒体（メディア）ですが、テレビ同様にラジオは、もちろん理解は伴うものの見て聞いてまっすぐ受け手の感性に入る媒体だからです。社会民主党はこのラジオの特性に何の関心も示さずナチスだけが把握していた、と池田浩士が鋭く指摘するように、その認識の違いがナチスと社会民主党のその後を左右したといえます。ドイツでラジオ放送が始まった二年後に、ナチスは合法政党として再出発、政権をとると最大限にラジオを活用していきます。

ラジオ会社を手に入れるのは簡単でした。一九二三年、ワイマール政府の郵政次官ハンス・ブレドウの働きかけで民間ラジオ会社が発足します。その株の大半を中央政府と地方の州政府が所有し、一九二六年には各ラジオ会社がドイツ国ラジオ会社に統合され、さらに一九三二年には中央政府の統制下におかれていたからです。またナチ勢力が台頭するにつれてラジオ局職員にナチ党員や同調者が増加したことも有利に働きました。

ラジオの普及

放送局の組織を掌握すると同時にゲッペルスはラジオ受信機の普及に乗り出します。ラジオが普及しなければ大衆感化装置は機能しないからです。彼はメーカーに働きかけ安い国民型ラジオの大量生産に踏み切らせました。一九三三年、政権掌握当時に一〇〇万台だったラジオは、第二次大戦直前の一九三八年に九五〇万台になっていました。

さらにゲッペルスは全国各地に放送監視所を配置して、ラジオでヒトラーの演説を聞くよう指導しました。パンフレットで番組予告を行い、重要な放送があるときは学校・工場などに大きなスピーカーを据えつけて人々にラジオを聴かせました。その皮切りは一九三三年一一月一〇日の正午です。ドイツ全土の工場や事務所で昼休みのサイレンがなり終わると、ベルリン・ジーメンス工場からラジオ生中継が始まり、ゲッペルスの前口上に続きヒトラーの演説が全国に響き渡りました。こうしてラジオを利用したプロパガンダ政治が開幕したのです。

特に若者たちにはラジオを積極的に活用しました。毎週水曜日の夜に放送された「若き国民の時間」はドイツの偉大な歴史を描いた番組で、ヒトラー・ユーゲント（ヒトラー青年団）の集いの必修科目となっていました。ナチスは価値観が固まっている大人よりも、まだ白紙の青少年の教育に力を注ぎました。ラジオを真っ先に押さえたのは、いつの時代でも若者は新しいことに飛びつくことを知っていたからです。こうしてラジオの他にも視覚教育素材として、映写機やフィルムがヒトラー・ユーゲントの宿舎に装備されていました。

ヒトラー・ユーゲント

ここでヒトラー・ユーゲントについて触れておきましょう。それぞれの労働組合をドイツ労働戦線に統一したように、ナチスはドイツ各地で活躍していたさまざまな青年運動を、ヒトラー・ユーゲントに統合しました。一五歳から一八歳までを対象にしたナチの青年組織で、一九三六年一一月の「ヒトラー・ユーゲント法」によって、すべての若者に加入を義務づけました。

母体となったのは一九世紀末からドイツを始め西欧各国で生まれた各種の青年運動です。その一つにドイツ発祥のワンダーフォーゲルがあります。一八九五年頃からギムナジウム（ドイツの伝統的な中等学校）の学生たちがリュックを背負い仲間と野宿しながら山野を渡り歩いたのが始まりとされています。一二歳から一九歳までの若者たちが、史跡を巡り、植物や鉱物を採集し、キャンプファイヤーを囲んで歌い踊り、青春を謳歌しました。二週間から四週間の「渡り鳥」です。親に対して反抗的な若者たちでさえ、自分たちより僅か年上のリーダーには喜んで従いました。親から離れて若者たちだけで山野を歩きキャンプする楽しさは例えようがなかったのです。

メンバーの多くは中産階級出身で、大学に入るとワンダーフォーゲルを卒業していきました。そしてドイツ各地に、いくつもの青少年運動が続々と誕生します。一九〇八年、英国で始まったボーイスカウト（少年団）はドイツでは一九一一年に発足しています。

この他にも生活改革キャンペーンを目的とした組織など、各種の青少年団体が活躍していました。これらを一般に、ドイツ青年運動と総称します。

ナチスはこうした若い感情を巧みにすくい取りました。ヒトラー・ユーゲントの予備段階として、一〇歳から一四歳までの少年は少年団、同年配の少女は少女団に入団させました。少年団に入るとナチ党綱領の要点暗記、五〇メートルを一二秒で走る訓練、手旗信号の練習、初歩の武器取扱い訓練などが課されました。

そして一五歳になってヒトラー・ユーゲントに入団すると、ユニフォームを着て短剣を携行するようになります。それは青少年にこの上ない誇りと自負をもたらしたのです。戦時中の日本の旧制中学の場合と同じです。短剣は下げませんが、将来、国を背負って立つ小国民の自負は軍人勅諭の暗記、銃剣術や射撃の練習、集団行動の中で育まれました。

ナチスの目的は若者を彼らが属する社会階層から引き抜き、一八歳までに忠実なナチ党員に仕上げることでした。こうして多くの若者は広く各分野に進出してナチス・ドイツを支えていきます。たとえばＳＳ（親衛隊）に入隊した青年は国家保安本部、保安諜報部、ゲシュタポ（国家秘密警察）などの要職に就き国家の中の国家となり、武装ＳＳ機甲師団は軍隊の中の軍隊となりました。

Ⅲ．映画信用銀行

ゲッペルスが宣伝大臣になった頃、ドイツ映画は往年の栄光を失っていました。かつて「カリガリ博士」（一九一九）、「メトロポリス」（一九二七）と、世界をリードしたドイツ映画は世界大恐慌の嵐にあって崩壊、多くの映画会社が倒産しました。映画人の中には騒然とした社会情勢を避け、ナチ化を嫌ってドイツを去る映画関係者が少なくなかったのです。加えて潤沢な資金を持つアメリカ映画界がドイツからスターや監督を次々と引き抜きました。グレタ・ガルボ、マレーネ・ディートリヒ、エミール・ヤニングスなどの大スター。

ビリー・ワイルダー、G・W・パプスト、フリッツ・ラング、フレット・ムルナウなどの名監督たちがハリウッドに渡りました。ユダヤ系の人たちがそのままアメリカに留まったのは当然ですが、「嘆きの天使」（一九三〇）で大女優になったマレーネ・ディートリヒ（一九〇四－一九九二）は生粋のドイツ人です。彼女の人気を利用しようとゲッベルスは何度も使者を派遣して帰国を強くうながします。ドイツのファンは彼女を待ち焦がれていると。しかしディートリヒはこれを拒絶、戦争が始まるとアメリカ軍の前線兵士慰問機関の一員としてヨーロッパ各地を巡り反ナチスの立場を明確にします。

そんな彼女が故国ベルリンでリサイタルを開いた一九六〇年のこと、劇場を取り囲んだドイツの人々は口々に「裏切者」と叫んでディートリヒを罵倒しました。戦後一五年も経ってなお、こうした感情がドイツ市民に残っていたのです。

ちなみに「水晶の夜」から半世紀後の一九八八年、西ドイツ連邦議会イエニンガー議長は戦争やユダヤ人問題がなければ「ヒトラーは千年に一度、神がドイツに与えた指導者だった」と発言し物議を醸しました。当時の世論調査でも同様の傾向が見て取れますから、ヒトラーの残照が半世紀経ても人々の心の奥にしまいこまれていたことは確かでしょう。

ではなぜ、ディートリヒはドイツを捨てたのか。それはファシズム・ドイツを世界の恥だと感じたからだと語っています。

映画信用銀行

映画はどちらかというと娯楽媒体です。楽しみながらナチズムを浸透させる重要な宣伝媒体であることにゲッペルスは注目していました。そして一九三三年六月、彼はドイツ映画再建のために映画信用銀行を創設。必要な資金を融資して映画界を救い、往年のドイツ映画の栄光を取り戻すためでした。

そのこと自体、資金難にあえぐ映画界にとって百万の味方を得る想いでした。しかし融資には映画界コントロールの罠が仕掛けられていたのです。融資を受けるためには経営者連盟「シュピオ」に所属しなければならず、シュピオはユダヤ人の参加を排除していました。そして脚本、配役予定、制作予算などの事前提出を義務づけました。つまり融資を餌に映画の内容までチェックする仕組みです。そしてシュピオに政府代表者が入り込み、半官半民組織になるのは時間の問題でした。

ナチスのスローガン「一つの民族、一つの国家、唯一の総統」に従って、ゲッペルスは映画産業に従事する人たちを一つの組織に再編成します。それまで職種ごとに分かれていた監督・俳優・カメラマン・音響技術・編集者などの組合は解散させられ、ドイツ労働戦線に統合されてナチスへの全面協力体制となります。

そして一九三四年二月、映画法が制定され映画の検閲が事前事後と厳重に行われることになりました。

映画「ユダヤ人ジュース」

ポーランド侵略の前年、ゲッペルスはドイツの全撮影所に対して反ユダヤ映画を制作するよう命じました。それは高利貸で貪欲なユダヤ人を描き出し、その選民思想を叩きのめせ、という指令です。そして最も悪質な反ユダヤ映画「ユダヤ人ジュース」（一九四〇）が出来上がります。

このナチお気に入りの映画を、SS（親衛隊）最高指導者のヒムラーは、オランダ、ベルギー、フランスなどドイツ軍占領下の国の人々も見るよう強制しました。しかしフランスでは「ユダヤ人ジュース」を上映している映画館にレジスタンスが爆弾が投げ込む事件まで起こりました。

さまざまな生き方

この「ユダヤ人ジュース」に出演していたヴォルフガング・シュタウテは、戦時中に多くの戦争映画を手がけて名を上げ、ナチ敗北後は社会主義国となった東ドイツで反ファシズム映画「殺人犯はわれらのなかにいる」（一九四六）を制作して人気を得ました。

ワイマール共和国末期、伝統的権威に静かに抵抗する女子学生を描いた映画「制服の処女」（一九三一）で知られたカール・フレーリヒはナチス時代に入っても沈黙も亡命もしないで名声を博し、敗戦後も映画を作り続けました。

ユダヤ人を妻としていた人気絶頂の俳優ヨアヒム・ゴットシャルクは友人からスイス亡命を勧められますが、「スイスもいずれヒトラーに占領される。その時またどこへ行こうというのだ」と言って妻子と心中しました。ドイツ軍がノルウェーからフランスにかけて西欧西海岸一体を占領下においた一九四一年一一月のことです。

ヘルバート・イエーリングの場合はもっと複雑でした。ワイマール時代、彼は左翼で劇作家ブレヒトを世に出した演劇評論家として知られ、ナチスからは左翼、退廃芸術家の典型と見なされていました。ところが、ヒトラーが政権をとったその日に彼は態度をがらりと変えたのです。そしてナチスに取り入ろうとしますが、ナチスは昨日までの左翼を簡単に許そうとはしません。そこで彼は『ベニスの商人』の演出をかって出て、ナチも驚くほどのどぎつい反ユダヤ劇に仕立て上げ、見事な転向ぶりを示しました。ところがナチス・ドイツが戦争に敗れてソ連軍が進駐してくると、今度は昔から彼は共産党員だったことが明らかになったのです。もしかすると彼はスパイでナチス・ドイツ事情をソ連に連絡する役割を十全に果たすために、ナチに転向したのでしょうか。それとも、ただどの時代にも適応するテクノクラートだったのでしょうか。

女性監督レニー・リーフェンシュタール

バレリーナとして映画出演していたレニー・リーフェンシュタール（一九〇二―二〇〇三）はヒトラーの依頼で一九三三年の党大会をフィルムに収め、第一級のドキュメンタリー映画「意思の勝利」に仕上げました。次いで一九三六年のベルリン・オリンピックを「民族の祭典」「美の祭典」の二部からなる「オリンピア」にまとめ、ヴェネツィア映画祭最高賞を受賞しました。その後、オリンピック記録映画で彼女の作品を凌駕したものはない、といわれるほどの傑作を世に出したのです。

たとえば陸上一〇〇メートルの金メダリスト、アメリカのオーウェンスがスタートの直前、ごくりと唾をのむ瞬間をカメラに収め、それは演出されたドラマよりもはるかにドラマティックだと高い評価を受けました。おそらくオーウェンス自身も気がついていない一瞬の喉の動きが、極限状態にある人間の心理をあますところなく伝えていたからです。

彼女は撮影以前に全体の構想を立てました。競技場にレールをひき、穴を掘ってローアングルから狙い、撮影の途中でフィルムが底をついたときは別の日に選手に試合を再現させました。その一つに男子棒高跳びがあります。競技が終わり勝敗がついたのは夜半のこと、次の日、決勝を争った選手を呼び出してもう一度競技をやらせ撮影しなおしました。同じ四・二五メートルを飛びながら一回でクリアできず銅メダルとなった日本の大江季雄選手が夕闇に浮かぶバーを、わずかに首をかしげながら見上げるショットは大江選手のやり場のない心情を見事にとらえています。これは翌日撮影したものです。なお、一回でクリアした西田修平選手は銀メダルでした。

戦後、リーフェンシュタールは非ナチ化裁判で裁かれますが、ナチスの同調者だが戦争犯罪の責任はない、として自由の身になりました。しかしその後もドイツ国内外のジャーナリストから彼女のドキュメンタリーが果たしたナチス宣伝効果について執拗な追及を受けます。そのたびに彼女は訴訟を起こし勝訴しました。映像美を追及する者にとって、時代がナチズムかどうかは全く関係がなかったという彼女の主張は、音楽のフルトヴェングラーと類似しています。

とはいえリーフェンシュタールはあまりにもヒトラーに近すぎました。ヒトラーを取り巻く女性たちの中でバイロイト音楽祭の女王ヴィニフレッド・ワグナーと監督リーフェンシュタールの二人は特別な存在だった、と「ヒトラー・サロン」の一人シーラッハ夫人は言ってます。彼女は有名な美人で、かってヒトラーの愛人と噂された一人です。夫のシーラッハはヒトラー・ユーゲント指導者からウィーン大管区指導者になり、戦後、オーストリア・チロル山中に身を潜めていたところを逮捕され、禁固刑二〇年を宣告されました。

「ナチスのプロパガンダ映画製作者」のレッテルに悩まされ続け、失意の日々を送っていたリーフェンシュタールは、一九六二年にスーダンのヌバ族と出会います。一〇年間取材を続け一九七三年に写真集『ヌバ』を出版、写真家として再起を遂げました。そして一〇〇歳を迎えた二〇〇二年、「ワンダー・アンダー・ウオーター　原色の海」で記録映画監督として復帰、翌年この世を去ります。

戦意高揚映画か反戦映画か

ナチズムの宣伝に一役も二役もかった映画監督にカール・リッターがいます。とはいえ彼ほど映画表現の多義性を見事に利用した監督はいません。一見、戦意高揚映画に見せながら、実は戦後、反戦映画と評価されたものに「ミヒャエル作戦」（一九三七、日本で封切られたときは「最後の一兵まで」）があります。

映画の舞台は第一次大戦末期、この戦いでドイツ軍が勝利すれば戦争は終わる、負けても戦争が終わるという場面です。前線に出る必要のない作戦参謀少佐が、負傷した前線部隊長に代わって自ら進んで前線部隊の指揮をとることになります。祖国の勝利のため、あえて危険な役割を買って出たわけです。

前線に出てみたものの戦況は悪化する一方、ただ一つだけ活路がありました。それは後方のドイツ砲兵隊が前線にいる敵の戦車部隊に砲撃を加えて殲滅させることです。が、それは同時に敵戦車部隊と向かい合っているドイツ前線部隊を吹き飛ばすことを意味しました。少佐はためらうことなく直ちに砲撃をあびせよ、と打電します。こうしてドイツ軍は勝利しましたが、少佐の部隊で誰一人生き残った者はいなかったのです。

硝煙が立ち込める戦場を通過しながら、ドイツ軍司令官はつぶやきます。「許してくれ少佐。しかし、われわれの価値は勝利の大きさではなく、犠牲の深さによってはかられるのだ」。

ヒトラーはもちろん日本の軍部もこの映画を絶賛しました。「英雄の死」こそヒトラーが国民に求めていたものであり、日本軍も「玉砕」を美化していましたから、この映画が与える自己犠牲の悲壮感は映画を見る者の高揚感と陶酔感を高める好戦映画だと褒めたたえました。

ところが戦後、この映画を見た若い世代は文句なく反戦映画だと受け取ったことを岩崎昶は伝えています。たしかに映画の中に反戦シーンと思われるところがいくつか出てきます。「将軍や参謀は、温かいスープを飲み、机の上に広げた地図の上に何気なく線を引く。すると泥んこの中で死んでいくのは、こちとら兵隊だけだ」という台詞。反戦論者の大尉がいつもピアノに向かっているシーンなど。

こうしたシーンだけが「ミヒャエル作戦」を反戦映画にしているわけではなく、映画全体が戦争に翻弄される人間のやりきれなさを描いているとして、専門家の中にはカール・リッターは本当は平和主義者だったのではないかと言う人まで現れました。

芸術作品の多義性

映画に限らず文学・演劇などの優れた芸術作品は輻輳した幅と深みを持ち多義性を備えたものが少なくありません。特に映画やテレビはコトバとともに映像で表現する感性媒体です。見る人の立場や時代状況が異なると、戦意高揚映画となり反戦映画ともなります。情感＝エトスに訴えるものは、コトバ＝ロゴスに訴えるものより、伝える内容が特定しづらく、それだけ解釈の幅が多様になるからです。

たしかにこの時代の映画のすべてが直接的なナチのプロパガンダ映画であったわけでは

ありません。ほとんどが娯楽映画で単純な喜劇もあれば恋愛映画もありました。しかし、それらすべてを宣伝省がコントロール下においていたことに変わりはありません。その意味で、日常生活の喜怒哀楽を描きナチズムを表面に出さない映画が、実は最も政治的だったというパラドックスが成立します。「これでもか式」のプロパガンダ映画よりも、穏やかにさりげなく静かにナチズムを通奏低音とする映画、それこそが本当の国民懐柔につながることをゲッベルスは狙っていたからです。

第六章　われわれは偉大な時代に住んでいる

一般論では、どんな政治体制であっても大多数の国民が「良い時代だ」と思うことができる政治が良い政治だといえます。そのために権力者は最低二つの戦略を展開します。一つはイメージ操作、もう一つは生活の具体的保証です。これまでヒトラーのイメージ操作を焚書・頽廃芸術展などの強権的な言論統制から、音楽家・哲学者・映画人等を広告塔として活用したソフトなイメージ操作まで見てきました。それらに関わったのは社会上層部に属する人たちの話です。では、最も一般的な普通の人々はナチスとどう付き合ったのでしょうか。ヒトラーは庶民の生活をどのように保証し、人々はどのように満足したのでしょうか。

I．生活の具体的保証

ヒトラーは軍需産業を盛んにして来るべき戦争に備えましたが、それが国民の消費生活にしわ寄せすることを避けました。大砲も作りますがバターも大切にしたのです。激しい空爆を受けた第二次大戦と異なって、第一次大戦のときドイツ国内が戦場になることは少なく、国内の生産工場、消費ルートは戦後も機能していました。ワイマール時代には既に電気釜、電気コーヒー沸し器、瞬間湯沸かし器、床磨き器などが売り出されていました。

マイホームの夢はヒトラーが大事にした政策で、庭つきでアヒルや鶏がいる一戸建てのマイホームが人々の夢でした。建設費は一万マルクから二万四〇〇〇マルク程度、若いサラリーマン一、二年分の収入でまかなえました。戦争末期になってからも「戦時中に蓄えて、戦争がすんだらマイホームを建てよう」というスローガンのもと建築費の積立貯蓄が奨励されたほどです。

フォルクスワーゲンの夢

自動車の普及もナチスの重要な政策でした。毎年自動車ショーが開かれ、一九三六年の国際自動車ショーでヒトラーはドイツ国民はアメリカ国民と同じようにマイカーを欲しがっていると演説し、格安な自動車の生産を約束しました。その二年後、フォルクスワーゲン工場の起工式が行われました。一〇万台のフォルクスワーゲンを売り出すというヒトラーの約束は、一九三九年に第二次大戦に突入したため実現しませんが、庶民でもマイカーが持てるという希望は多くの人々に夢を与えたのです。その事情を、非合法化され地下組織となっていた社会民主党の「ドイツ通信」でさえ、こう伝えています。

「この車は将来、年産一〇〇万台を予定していて価格は九九〇マルク。他の車たとえばオペルが一六五〇―二五〇〇マルクするのに比べれば安いし、性能も良い。毎週五マルクを支払い、それがたまって七五〇マルクになると車はもらえる。したがって少なくとも三年後、一九四一年七月には手に入ることになる」(村瀬興雄)

そして四一年一一月までに三〇万人の人々がフォルクスワーゲンの購入を希望しました。この三〇万人という数字は、ナチス政府に対する国民の信頼の表れといえます。なお、よく知られている甲虫型のフォルクスワーゲンが登場したのは戦争直後の一九四六年のことです。

マイホーム、マイカーの他に、キャンピングカー、カメラからハンドバッグ、化粧品にいたる多種多様な商品をナチスは国民に提供しました。今日の消費社会の視点からは驚くに当たらないかもしれませんが、あの世界大恐慌から数年のうちに衣食住はもちろん、レジャー商品、おしゃれ用品、趣味の品々が店頭に並んだのは驚異的なことだったのです。

こうしてナチス・ドイツは公共投資と企業管理で世界大恐慌を巧みに乗り切った国となり

ました。

歓喜力行団のレジャー政策

ナチスは今日のレジャー時代を先取りします。一九三三年のメーデー直後、労働組合を解体し没収した資金をベースに、多額の国家予算をつぎ込んで国民の余暇を組織していくのです。そのレジャー政策の担当部門が歓喜力行団（Kraft durch Freude, KdF）です。ナチズムは個人が勝手に余暇を過ごすことに価値を認めません。共同体の中でみんなと一体になることを重視しました。ＫｄＦはナチ党の全国指導者・ドイツ労働戦線の指導者ロベルト・ライ（一八九〇―一九四五）が創設したもので、余暇局、スポーツ局、旅行・観光局などがありました。

余暇局は安い入場料で演劇会、音楽会、映画会、展覧会、社交の夕べなどを開催し、ブロイエルに依ると一九三七年だけでも一一万七〇〇〇件の催しに延三八〇〇万人が参加していました。イベントは都会だけでなく農村でも行われ、歓喜力行団の幹部は農村で開かれるイベントには特に気を使っていました。イベントを上品で行儀の良いものにするために下品なダンスバンドやキャバレーダンサーは農村に連れていかなかったのです。またオペラの地方巡業も行われました。

スポーツ局は水泳、テニス、スキー、ヨット、乗馬などの奨励に力を入れました。そして多くの青少年はスポーツの魅力を通じてナチスにとり込まれていったのです。一九三六年には体育は「軍事教練であり、人種的完成である」として職場にスポーツ訓練制度を導入しています。同年、ベルリン・オリンピック委員会は歓喜力行団に対してオリンピック杯を授与してその功績を称えました。

歓喜力行団のなかで最も人気があったのは旅行・観光局です。それはナチ党の福祉政策の目玉で「旅行は贅沢ではなく国民的義務であり、休暇は精神的再生をもたらす」というスローガンが人々に休暇旅行を呼びかけていました。一九三八年には労働者の三人に一人は旅行に参加しました。

この休暇旅行は大きな経済的効果を生み出しました。ドイツ国有鉄道は歓喜力行団の大掛かりな旅行でたっぷり儲かったし、田園や自然と触れ合う旅行は結果的に農村地帯を潤しました。旅行料金は他の追従を許さないほど安かったので、人々は気軽に国内旅行に参加しました。生まれて初めて海を見た人々、若者の週末旅行がいかに楽しかったか想像に難くありません。

　旅行事業の最大のものは北ヨーロッパや地中海を巡る華やかなクルージングでした。旅行に参加した人は延一〇〇〇万人を超えました。そのうち外国旅行に延五〇万人が出かけ、そのためにナチスは新たに豪華船を二隻建造したほどです。すべての乗船客に一律の宿泊設備を用意し、次項で触れる「同質化＝人間関係の社会主義」を実感させたのです。一方、外国人がドイツ各地を旅行することも歓迎されました。一九三二年には二〇〇万人だった外国人旅行者は一九三六年のベルリン・オリンピックを契機に急増し三七年には七〇〇万人に達していました。

　こうしてドイツ各地に観光地がオープンし、ドイツの人々は以前にも増して自分の国を再認識していきます。なぜなら、これまで労働者はこうした機会が少なかったからです。ナチスのレジャー政策が注目を浴びる理由は大衆時代の到来と余暇の関係をはっきり見定めて先取りし、国の重要政策にとり込んだことです。この非常に成功した政策はナチ国家に対する国民の測り知れない信頼をもたらしました。

Ⅱ．同質化による人間関係の社会主義

ヒトラーは労働者に対して自分のことを「諸君のうちから身を起こした者」と話し、土地も株も銀行預金も持っていないことを誇っていたとシェーンボウムは伝えています。一九三九年に新しい官邸ができたとき、最初に建設労働者を官邸に案内。そして新官邸が広大なことに触れ、それは自分がドイツを代表する首長としての役割があるからなのだと話し、私人としては以前と変わらず質素な暮らしをしていることを強調しました。諸外国の外交官を新官邸に迎えたのは建設労働者の四日後です。

同質化（Gleichschaltung）

国民宰相と呼ばれ、下層階級出身であることを強調したヒトラーが政権掌握直後に、ドイツ国一元化・統合化政策の基盤として打ち出したのが「同質化」です。ユダヤ人など異質な人たちを排除し、ドイツの同質化を図るため「全権委任法」「職業官吏制の再建に関する法律」「政党の新設を禁止する法律」等、数々の同質化政策が実行に移されました。ユダヤ人の「最終解決」もその一環です。

ドイツ国民を対象にした同質化の事例を少し取り上げてみましょう。

「労働者も市民も貴族もすべて同じドイツ人の血が流れている。ドイツは一つの共同体、一つの国民にならなければならない」とするナチスの同質化は、いわば人間関係の社会主義でした。それは生産手段の国有化に代表される「経済の社会主義」ではなく、身分の違う人間同士が同じ目的のために一体となる同質化です。

一九二三年のミュンヘン一揆のあと、ＳＡ（突撃隊）はエルンスト・フォン・ザロモン（一九〇二－一九七二）によって再建されましたが、当時すでにＳＡ内部に軍隊的ヒエラルヒー（階級制）をタブーとする部隊が現れていました。隊員は任務識別章をつけますが、階級章をつけることは許されなかったのです。

アメリカのジャーナリスト、ウイリアム・シャイラーは占領下のフランスでドイツ軍将校と兵卒が勤務時間以外はレストランでも列車の中でも同じテーブルについて語り合うシーンを見て感銘を受けています。一見なんでもないようですが、現在でも階級制の残滓が決して少なくないヨーロッパ事情を考えますと、当時、国民共同体の理念がこうした姿で表れていることに驚き、わざわざ書き留めたのです。そこでは敬礼さえ同志的挨拶になっていたと、日記に記しています。

「冬季貧民救済事業」（Winterhilfe）は、裕福な階層から寄金を募って実施された大規模な慈善事業です。たとえば年に六回行われた「肉ひと鍋」運動。富裕層は肉料理を一品にして食費を節約し、その分を募金に回すことが奨励されました。協力的でない者は「非国民」扱いを受けますから、冬季貧民救済事業によって貧しい国民は恩恵を受けたのです。また、制服姿のＳＡ（突撃隊）が路上に立ち、一般の人々から募金を集めました。

同質化のひとつ、主に大学生らを中心に行われた「労働奉仕」は生産活動に役立つというより、身分や階級の違いを超えて皆が一緒に働くことに狙いがありました。重役の息子と若い労働者、大学生と農業労働者に同じ制服を着せ、同じテーブルで食事をとらせ、民族と祖国への共同奉仕に当たらせることが、ナチスの社会的平等でした。「制服はすべての者を平等にする。大学教師は手工業者との違いを感じないし、医学生と園芸家助手との間の友情を阻むものは何ひとつない」とゲッペルスは機関紙「デア・アングリッフ」で謳っています。

こうした同質化は労働者や下層階級の心理的高揚を図ったもので、それが第二次大戦に向けての戦士育成であったという指摘もありますが、労働者たちは決して悪い気持ちはしなかったでしょう。

しかし雇用主はたとえ労働兵士と呼ばれても依然として雇用主でした。学生はナチ流の社会主義的責任を醸成されても、大学を出ることでよりよい職業に就けることは明白だったのです。とはいえ階級社会の閉鎖性が依然として残っていた時代、人間関係の社会主義がもたらした影響は決して小さくなかったのです。たとえば、ヒトラー・ユーゲントの少女レナーテ・フィンクが民族共同体とは金持ちの子どもも貧しい子どもも同じパンを分け合って食べることだと受け取った例は、若者たちが閉鎖性打開の動きに敏感に反応したことを物語っています。こうして多くの若者はナチズムに新しい時代の始まりを感じ取っていたのです。

現実の社会では、能力・性格・身分・地位・財産・職業などの相違によって、人間は〝べったり平等〟でないことを誰もが知っています。そうした現実の中で、どれだけ一人前の人間として扱ってもらえるかが、人々の自尊心と満足度を大きく左右します。たとえそれが〝気分の平等〟であっても、ナチスの人間関係の社会主義が人々の満足度を高めたことは否定できません。

軍備拡張による雇用増大

ヴェルサイユ条約では、各国が自主的に軍備縮小を実行することが決められていました。まず敗戦国のドイツから厳しい軍縮を行い、他の主要国もすべてドイツの水準まで軍縮する約束でした。海軍はロンドン会議等で軍艦のトン数制限を決めましたが、陸軍は何度会議を重ねても成果があがりません。陸軍を一〇万人に制限されたドイツは、英国やフランスに軍縮を何度も迫りましたが何の効果もなく、これがヒトラーにドイツ軍備拡張の正当性を与えることになります。ヒトラー政権当初、七個師団一〇万人だったドイツ陸軍は、一九三五年に五五万人、三九年のポーランド侵略のときは五一個師団一四〇万人となっていました。この急激な軍備拡張はドイツ経済を潤沢にしました。軍隊と軍需産業は大勢の失業者と若者を吸収したのです。

加えてヒトラーはワイマール時代から引継いだアウトバーン（高速道路）の建設を加速させました。一九三〇年代のヨーロッパで、アウトバーンはドイツが初めて建造したものです。およそ六万人の労働者が働き、幅七・六メートルの四車線高速道路は、第二次大戦で兵員・武器・軍事物資を迅速に前線に送り込む役割を果たし、ヒトラーの電撃作戦を支えました。

公共工事が盛んになれば資材・部品等を製造、あるいは工事を請け負う民間企業も潤います。こうして一九二九年の世界大恐慌の嵐が吹き荒れたとき、六〇〇万人近くいた失業者は、一九三六年頃までにはヒトラーの手によってほとんど解決されます。長年の失業の後、やっと職についた労働者はたとえ賃金や労働条件が悪くても、いまや失うべきものを持っていて、失業でまた貧乏になることを恐れていたと、社会民主党地下指導部の「ドイツ通信」は伝えています。

しかしそうした労働者の心配は杞憂のものとなります。再失業どころか逆に一部の分野では労働者不足が現れ、一九三八年には熟練・非熟練を問わず五〇万人が不足していると、帝国職業紹介所失業保険局総裁が推定したくらいです。後で触れるズデーデン地方やオーストリア併合は、それらの地方から安い労働力を大量に確保するためでもありました。

こうして労働者の実質所得は一九三二年を一〇〇とすると一九三八年には一二一・四に増加していました。失業の心配が少なくなったため、失業保険の財源を公共事業に回し、さらに経済活性化を促したのです。さらに手工業者のための強制養老保険や農業関係者の強制健康保険を、経済活性化に依る財源で創設しました。ヒトラーの唱える「国家社会主義」はこうした形で実現していたのです。

ヒトラーの社会革命

それまでのドイツは上層階級、なかでも教養階層が社会の主要ポストを占める硬い社会だったことをツヴァイクは述懐しています。そのドイツの硬い階級社会を崩していったのが、経済活性化による新しい組織・新しいポストの出現です。これまで上層階層に占められていた外交官、将軍、大学教授などの地位に市民が進出し伝統的階級制が崩れていきました。さらに、ナチスの諸機関、とくにＳＳ（親衛隊）は新エリート集団として成長し、出身階層を問わず隊員は社会的名誉を得たことに注目しましょう。それはまさにヒトラーの社会革命でした。

ジャーナリスト、ゲルダ・ツォンは伯父の息子自慢をこう伝えています。

「従兄は、私より二つ三つ年上で、ギムナジウムから士官学校に進み、スターリングラードに配属されました。アルベルト伯父さんはベルリン都市鉄道の車掌で、息子が自慢の種でした。息子がこんなに出世できたのは総統閣下のおかげだと、そう思いこんでいました」（シュツデコップ）

民間の職場でも努力すれば昇進できる道が開かれていました。ナチスは何ごとにつけ競い合うことを奨励しました。たとえば民間の職場で働く者には全国職業競技試験があり、優勝者には名誉が与えられました。その様子をシェーンボウムはこう述べています。

「優勝者はオリンピック競技者か映画スターのような扱いを受け、ベルリンに案内されてライ（歓喜力行団の創始者）やヒトラーと一緒に写真におさまった。全国大会の優勝者は何らかのかたちで昇進、財政的援助、徒弟期間の短縮、あるいは教育を受けられる機会などの恩恵が与えられた。

優勝者の半数以上が賃金労働者家庭の出身であり、この競争試験がなければ恵まれることのない人々に対して、実際に上昇の可能性、少なくともステータス上昇の可能性を与えたのである」

ナチのスポークスマンは「社会主義とは、各人をその内的資質にふさわしい地位につけなければならないという義務を表現する言葉である」と言いましたが、ナチ社会主義はそれまでの硬い階級社会を崩して、類をみない大規模な社会的流動性をつくりだし、大衆社会への新しいリズムを導入したといえます。

Ⅲ．われわれは偉大な時代に住んでいる

外交政策による大ドイツの実現

ヒトラー外交の成功は国内政策以上にドイツ国民を熱狂させました。一九三六年三月、ロカルノ条約（一九二五）で非武装地帯とされたラインラントに進駐し再占領、フランスとベルギーの鼻を明かします。次いでスペイン内戦でフランコ独裁を支持し軍事援助。三七年一一月には日独伊防共協定を締結。三八年三月、ヴェルサイユ条約で固く禁じられていたオーストリア併合を実行。九月にはチェコスロバキアのズデーデン地方を傘下におさめ、三九年三月チェコを解体しボヘミア（ベーメン）とモラヴィア（メーレン）をドイツ保護領とし、同年リトアニアからメーメル地方を割譲させました。

それらは戦争で奪ったわけではありません。英国やフランス側の優柔不断な宥和政策がヒトラー外交を有利に導きました。たとえば一九三八年九月のミュンヘン協定。独・伊・英・仏の四カ国の首脳が協議し、ヒトラーの要求をのんでチェコスロバキアにズデーデン地方の割譲を求めたのです。会談後、英国首相チェンバレンはロンドンに飛んで帰り「これでヨーロッパの平和が保たれた」と大見得を切りました。当時のニュースフィルムに高くシルクハットを振りかざす得意満面のチェンバレンが写っています。フランス首相ダラ

ディエもチェンバレン同様、ヒトラーが共産主義の砦となることを期待して譲歩していました。

もともとオーストリア（オスト・マルク）はドイツ民族にとって東方進出の重要な拠点の一つでした。時は下って一八一五年、ナポレオンがワーテルローの戦いに敗れ百日天下が終わると、戦後処理を巡ってウイーン会議（踊る会議）が開かれます。その結果、三五の君主国と四自由市がドイツ連邦（大ドイツ）を結成。議長国はオーストリアです。ところが半世紀後、急速に力を伸ばした北東ドイツのプロイセンとオーストリアが覇権を争って普墺戦争（一八六六）が起こり、敗北したオーストリアはドイツ連邦から離脱、大ドイツは分裂してしまいました。そして今、ヒトラーの外交手腕による大ドイツの実現。「つねに眼に見える成功に酔うドイツの民衆」（ツヴァイク）が熱狂したは当然のことといえます。

歴史家ハンス・ギュンター・ツマルツリクは一九三八年のオーストリア併合がどれだけ国民を興奮させたか、こう回想しています。

「私は地方新聞の掲示板の前に立って、繰り返しニュースを読んだ。『大ドイツ国が形成された。オーストリアすなわち東マルクは再びドイツに戻った』。隣にいた人が私に話しかけてきた。『なあ、お若いの。お前さんは自慢していいんだよ。われわれは偉大な時代に住んでいるのだ』と。私もそう思った。この大ドイツの創造者であり、保証人であるのがヒトラーであった。アドルフ・ヒトラーはわれわれに深い印象を与える指導者であった。彼のあらゆる演説の際には、人々はヒリヒリするような感覚で話し始めるのを待っていた。すぐに彼がドイツの新しい成功を布告するだろうと。そして皆が失望することはほとんどなかった」（村瀬興雄）

軍事的天才ヒトラー

一九三九年八月「独ソ不可侵条約」締結、その一週間後の九月一日ドイツ軍が突如ポーランドに侵略して第二次世界大戦が始まります。たちまち首都ワルシャワを落とし、一〇月中旬にはポーランドを制圧。東から攻め込んできたソ連とポーランドを二分割します。英国とフランスは宣戦布告しますがフランスはマジノ線、英国は海上封鎖で対抗できるという楽観的観測と、フィンランドを侵攻したソ連をヒトラーが攻撃することを期待して、七カ月間ドイツと戦火を交えません。

この間に態勢を整え直したドイツ軍は四〇年四月、突如デンマークとノルウェーに侵攻、五月にはベルギー、オランダ、ルクセンブルクを攻略、破竹の勢いでフランスに迫ります。そして、フランス軍が無防備都市としてパリを放棄した四日後の六月一四日、無血入城を果たします。その一週間後にフランスは降伏、傀儡のヴィシー政府が誕生します。残る敵国は海峡ひとつ隔てた英国だけになっていました。バルカン半島に向かったドイツ軍はユーゴスラビア、ギリシャを征服。一方、ムッソリーニ率いるイタリアは六月一〇日に英・仏に宣戦布告、南仏に軍を進め、第二次大戦の戦火は拡大します。

パリ陥落の知らせほどドイツ国民を熱狂させたものはありません。前の第一次大戦で四年もかかって落とせなかったフランスを今度は西部電撃作戦開始後六週間で降伏させたのです。パリの凱旋門を堂々と入城するドイツ軍のニュースフィルムに、国民はどれだけ感激したことでしょう。戦争前、無血でオーストリアを手に入れたとき、人々はヒトラーを〝奇跡を行う人〟と賛美しましたが今度は〝軍事的天才〟としてさらに名声が高まりました。

労働奉仕を終えていたツマルツリクは志願して海軍に入ります。なぜならフランスが降伏したあとでは、ドイツの成功はすぐそばにあるように感じ、前線兵士にならないまま戦後の生活を迎えることには耐えられない思いに駆られたからだ、と言ってます。

第一次大戦でドイツが屈辱の降伏文書に調印したパリ郊外コンピエーニュの森で、今度はフランス側が無条件降伏に応じたその日に、得意満面のヒトラーは「独ソ不可侵条約」を無視してソ連侵攻を決断、これが第二次大戦の趨勢を変えることになります。当初は優勢だったドイツ軍は一九四一年一二月、モスクワ攻防戦に失敗。一方、日本は真珠湾を奇襲して太平洋戦争が始まります。ヒトラーは東部戦線立直しのため、スターリングラード攻防戦を展開しますが一九四三年二月に敗北、フォン・パウルス麾下のドイツ軍九万余が捕虜になりました。西部戦線では一九四四年六月、連合軍がフランス・ノルマンディーに上陸、反撃を開始。

　こうして戦況は次第にドイツ軍に不利になってきます。勝利への期待が薄らぐなかで、ドイツの人々はこれからどうなっていくのかを考えることは全くできなくなっていました。ただひとつ、ドイツ国民が辛抱できなくなったときはドイツが滅亡するという思いにとり付かれ、これまで以上にドイツとナチスを区別することができなくなっていたのです。

Ⅳ．そして多くの犠牲者が

a．ドイツ国民に対する弾圧

ヒトラーが政権を獲得すると同時にＳＡ（突撃隊）は補助警察として活動し、反ナチのドイツ国民を政治犯として検挙、ミュンヘン郊外ダッハウなどの強制収容所に送り込みました。政治犯は赤、無国籍者あるいは第三帝国から亡命を企てた者は青、宗教的反体制者は紫、犯罪者は緑、同性愛者はピンクと、色分けした印を胸につけさせ管理しました。一九三六年「長いナイフの夜」事件でＳＡ幹部が粛清されたあとは、ＳＳ（親衛隊）が囚人管理に当たります。アウシュヴィッツでも同じ様な色分けが使われます。

ナチの場合は、たとえヒトラーに従順なドイツ人であっても、除去しなければならない人たちがいました。世界に冠たるドイツを担うのは純粋で健全なアーリア（ドイツ）人だけで、心身障害者を除去しなければアーリア民族の血の純潔は保たれないというわけです。ナチス・ドイツのスローガン「一つの民族、一つの国家、唯一の総統」、その一つの民族をさらに純化し強化するため、国民に対して断種・安楽死という名の弾圧を加えていきます。

断　種

ダーウィンが『種の起源』（一八五九）の中で動植物界における「自然淘汰による適者生存の法則」を発表すると、その学説を広く人間社会一般に適用する考え方が登場したと、小俣和一郎は指摘しています。つまり人間社会でも生存競争に勝ち抜く力を持った優秀な強者のみが子孫を残すことができる、という「社会的ダーウィニズム」の考え方です。

一九三三年七月、ヒトラー政権が誕生して半年足らずで断種法が国会通過、翌三四年一月から施行されました。断種の対象となったのは広義の精神病者、先天性の盲人および聾唖者、重度アルコール依存症などの人たちでした。

断種は本人および家族の同意を必要としない強制断種で、対象となった人は二〇万人から三五万人にのぼると推定されています。

安楽死計画（Euthanasia, T4作戦）

一般に安楽死とは、助かる見込みのない病人を、本人の希望に沿って苦痛のない方法で人為的に命を終わらせることをいいます。ヒトラーの安楽死とは、従来の断種を更に進め、民族と国家にとって価値がないとされたドイツ人の命を奪うことでした。一九三五年にヒトラーはその旨を言明していますが、さすがにそれを平時に行うのは無理でした。戦争のどさくさに紛れて「遺伝的健全保持に関する法」を実行に移します。

一九三九年九月、第二次大戦が開始するとその年の終わり頃から、ヒトラーの命を受けた総統官房長フィリップ・ボウラー（一八九九―一九四五）は医師たちと協議し、直ちに安楽死計画（T4作戦）に着手しました。対象になったのは身体障碍者、精神障碍者で、子どもか大人かを問いません。病院から連れ出され「突然死」（殺戮）させられた犠牲者の遺体は、ほとんどの場合、検死や医学上の検査という理由で家族のもとに帰ってくることはありません。

安楽死計画を中止に追い込んだのはミュンスター大司教クレメンス・フォン・ガーレン（一八七八―一九四六）です。彼は元来、保守主義でヒトラーの国家主義を歓迎、ラインラントに進駐したドイツ軍に祝福を与えたほどです。とはいえナチの人種論には反対でした。そして一九四一年、ガーレン大司教はナチの安楽死計画を激しく非難する説教を行います。ヒトラーは激怒しますが、ゲッペルスはガーレン大司教が民衆に大きな影響力をもっていることに気づき、ヒトラーを説得して逮捕命令を取り下げさせました。

こうして戦争の闇に葬り極秘に実行されていた安楽死計画は、たちまち噂となって人々の間に広まった結果、ヒトラーは安楽死中止の命令を出さざるを得なくなります。犠牲になったドイツ人は二年間でほぼ七万五〇〇〇人に達しました。

ヒトラー・ユーゲントとして楽しい青春をおくったハンス・ショルとゾフィー・ショルの兄妹が反ナチ運動に本格的に参加したのは、ガーレン大司教の安楽死計画非難文書を入手したことがきっかけです。ハンスは一時東部戦線で戦闘に従事しますが、一九四二年ミュンヘン大学に復帰、「白バラ」と題した反ナチのビラをゾフィーとともに配布、逮捕され、一九四三年に処刑されました。

一方、ナチに心酔していたヒトラー・ユーゲントの少女レナーテ・フィンクは精神障害者を連れ去ろうとしたSA（突撃隊）に、なぜ親が激しく抵抗するのか理解できなかったのです。どうして喜んで送り出してやらないのだろうと。

b．絶滅収容所

一九三九年九月にポーランド侵略を開始すると、ドイツ軍は反ナチのポーランド市民を政治犯として逮捕します。同時に知識層・左翼官僚・専門技術者など、社会的影響力の大きい人たちを拘束、ナチ支配を徹底していきます。なかでも一番狙われたのが当時、ポーランド人の約二〇%を占めていたユダヤ系市民です。他にも「放浪の民」と呼ばれていたロマ・シンティ（英：ジプシー、独：ツィゴイネル、仏：ジダン）の人たち、ロマとは人間という意味です。さらにナチが宗教的に厳禁していた聖書研究会「エホバの証人」たちが逮捕されました。主な殺害方法は、銃殺、排気ガス（一酸化炭素）による窒息死などでした。

もっと簡単に大量に殺害する方法として登場したのが、チクロンBガスによる窒息死です。こうして強制収容所は絶滅収容所へと変貌し、アウシュヴィッツ、トレブリンカ、ヘウムノ、ソビボル、マイダネク、ベウジェッツとポーランド各地に絶滅収容所が姿を現します。なお絶滅収容所とは戦時中にナチが使った名称ではありません。収容もせずにそのままガス室に連行し虐殺した強制収容所を戦後、絶滅収容所と呼んでいます。

自国民に対してさえ、政治犯を強制収容所に送り、心身障碍者を断種し安楽死という名目で殺害したナチスですから、占領地域では筆舌に尽くしがたい残忍な殺戮を平然と行いました。その例を、アウシュヴィッツ（ポーランド語の地名はオシフィエンチム）にとってみましょう。

アウシュヴィッツ

アウシュヴィッツは最大規模にして最も悪名高い絶滅収容所です。ワルシャワの南約三五〇キロの地点にあり、最初は一九四〇年五月にポーランド人政治犯に対する強制収容所として開設されました。一〇月、第二収容所ビルケナウが追加されます。一九四一年、SS（親衛隊）長官ヒムラーの指令でアウシュヴィッツ＝ビルケナウは大々的に拡張され、浴室に見せかけたガス室、焼却炉、死体置場などを設置。こうして、ユダヤ人問題の「最終的解決」すなわちユダヤ民族の抹殺がヴァンゼー会議（一九四二年一月）で正式に決定される半年前にアウシュヴィッツは絶滅収容所として稼動していました。

ヨーロッパ各地からぎゅうぎゅう詰めの貨物列車が到着すると、ユダヤ人は二手に分けられます。労働力となる人たち、そして婦女・子ども・老人のグループ。働けない人たちはシャワーを浴びて清潔になろうと告げられ脱衣所へ。そこには番号がついた取っ手があり、シャワーの後、自分の衣服を探すとき混乱しないように番号を憶えておくよう注意されます。「何というドイツ的効率のよさだ」と感心した人がいたくらいテキパキと事が進みました。そして浴室へ。シャワーの代わりに出てきたのはSSが投げ込んだチクロンBガス。あまりの苦しさにユダヤ人が掻きむしった爪のあとが、浴室のコンクリート壁の至る所に今も残っています。こうした大量ガス殺は一九四三年春から本格化しました。死体は焼却。アウシュヴィッツでは、一九四四年までにその数、日に六〇〇〇体以上、ビルケナウの焼却炉は一四カ所、焼却台は四六あって一日に一万数千体を灰にしたといいます。

絶滅収容所に強制連行された人のうち、そのままガス室で殺された人は約七~八〇%にのぼりました。ガス室や死体処理に当たったのは囚人たちで編成されたゾンダー・コマンド（特別作業班）でした。彼らは数カ月、その仕事に従事したあと秘密保持のために今度は自分たちがガス室に送られる運命にあったのです。また列車が着くと出迎えの音楽を演奏するよう命令された女性囚人たちもいました。

一方、ポーランド各地の収容所内敷地と周囲にＩＧファルベン、クルップなどの工場があり、労働に回された囚人たちは死ぬまで酷使されました。それでも生き残った場合、その人たちが「新たなユダヤ人種の発展を促す胚芽」になるとして殺害されました。アウシュヴィッツ近郊にＩ・Ｇファルベンの大工場があり周辺の小規模事業所と併せてコンビナート（工場団地）を形成していた、と中谷　剛は伝えています。労働力は賃金ゼロで酷使された囚人たち、すなわち奴隷労働です。

一九四五年一月二七日、ソ連軍とポーランド・パルチザン部隊がアウシュヴィッツ＝ビルケナウを解放したとき、すでにＳＳは歩ける囚人を連れて西方に逃走、収容所には病気で自力撤退できない人たち、約七五〇〇人が残されていただけです。彼らは飢えと病気で衰弱しきっていて、解放後に多くの人々が息を引き取りました。こうして敗戦までに各地の絶滅収容所で殺戮されたユダヤ人はアウシュヴィッツ＝ビルケナウだけで一五〇〇万人、トレブリンカでは七〇〇万人、全体で五〇〇〇万人以上にのぼったと推計されています。

第七章　アイヒマンにみる人間性の問題

一九六一年、ＳＳ（親衛隊）将校でゲシュタポ（国家秘密警察）のユダヤ人移送局長官だったアドルフ・アイヒマン（一九〇六―一九六二）は、逃亡生活一六年の末、南米アルゼンチンでイスラエル諜報部に逮捕されました。直ちにイスラエルに送還され、尋問を受け、翌年、裁判で絞首刑を言い渡されました。

ユダヤ人移送局長官としてのアイヒマンの任務は、絶滅収容所への輸送を組織し、移送列車の運行計画を立て、ガス室を有効に利用し「最終的解決」を手際よく実行するための綿密な計画を立てることでした。アイヒマンはアウシュヴィッツを二週間にわたって視察していますが、彼自身が直接ガス殺に手を下したわけではありません。あくまでも計画の統括者でデスク・ワークが主な仕事です。彼は勤勉に働き、その結果、何百万人もの犠牲者が出ました。

イスラエルの尋問官レス大尉はアイヒマンと会うまで、恐るべき皆殺しを指揮した怪人物を想像していました。しかし実際に対面してみるとどこにでもいる凡人と何も変わらないので落胆した、と記しています。決して快楽的殺人者ではなく、几帳面で普通の男が何故あのような絶滅作戦に関わったのか不思議に思ったほどです。

ナチス・ドイツを逃れアメリカに渡っていた政治学者ハンナ・アーレントも「アイヒマン裁判」を傍聴し、レス大尉と同様の感想を述べています。

そこでアイヒマンにみる人間性、つまり普通の平凡な人間がなぜ「絶滅計画」の中枢を担うことができたのかを、多くの心理学の実験の中から、①権威・権力に対する服従、②役割の内面化・自己正当化、③同調性（社会的適応）の古典的実験を中心に探ってみましょう。なぜならこれらの実験は「状況の力」が個人や集団に如何に強い影響を及ぼすかを例証しているからです。「状況の力」とは周囲の人々から受ける影響力のことで、その多くは社会の圧力、国家の圧力となって個人あるいは集団にのしかかってきます。そして最後に動物と人間の殺しの違いについて考えてみましょう。それは生まれながらにして身に備わっている「本能」と生後学習する「文化」、言い換えれば遺伝情報（ＤＮＡ）に基づく行為と社会情報（文化）に依拠した行動との相違を「殺し」の視座から把握する試みです。

I. 権威と服従の実験

アメリカの心理学者スタンレー・ミルグラム（一九三三－一九八四）が行ったモデル実験『服従の心理』は別名アイヒマン実験と呼ばれています。アイヒマンの裁判と前後して実験が行われたためです。

自然科学の分野では物質を分解・合成・変化させてさまざまな実験を行いますが、人間そのものが対象の場合はモルモットのように人間を扱うわけにはいきません。そこでまず仮説をたて、次に実験に参加してもらう市民を募ります。この場合、人種・宗教・生活レベル・年齢・性別などがほぼ同程度の市民たちに協力してもらいます。なぜなら市民個々の条件があまりにも違い過ぎると、実験以前にその相違が現れ、誤差が生じやすいからです。さらに重要なことは、いつどの段階で実験を中止するか否かは市民の自主判断に任されていることです。

表向き「記憶に及ぼす罰の効果」とされた実験に参加したのは、互いに見知らぬ二〇代から五〇代の白人男性です。二人一組に分けられ、一人は教師役、一人は生徒役になります。実験室は区切られており、生徒役は隣の部屋へ、教師役は電気ショック操作装置を前

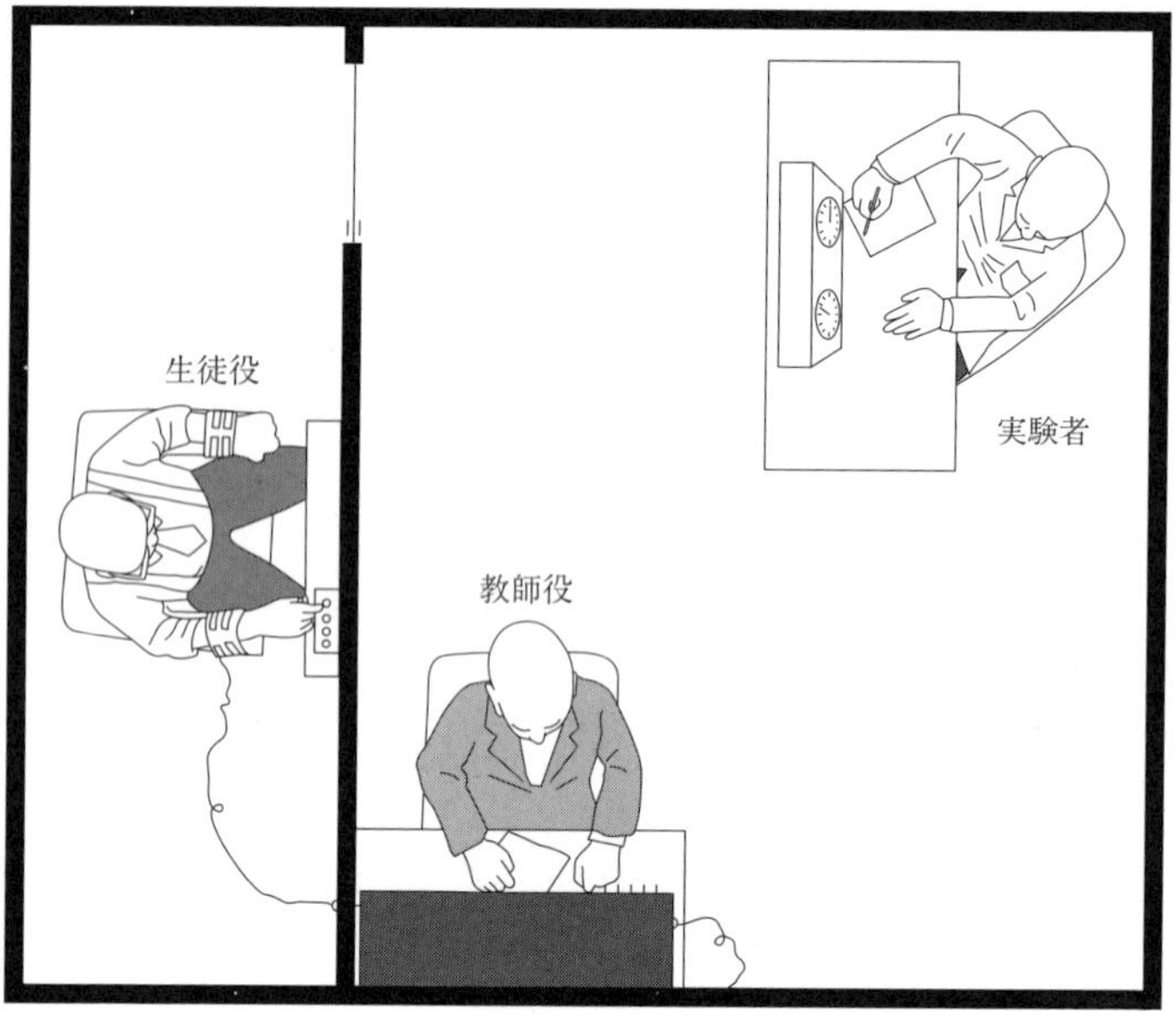

ミルグラムの実験見取図（出典『服従の心理』1980、131頁）

にして座ります。実験は生徒役が間違った答えをすると電気ショックが与えられ、罰が学習に与える効果が調べられることになっています。教師役の前に一五ボルトから四五〇ボルトまで一五ボルト刻みの表示板があり、たとえば一九五ボルトのところに「非常に強いショック」、三一五ボルトでは「きわめて激しいショック」、三七五ボルトには「危険・すごいショック」と表示され、四三五ボルト以上はどうなるか分からないとして×××が記されています。

実験は幾通りか行われましたが、上図の配置の場合、電気ショックを与えられた生徒役の苦痛の声が聞こえるようになっていました。

さて実験が始まると生徒役はたびたび間違うので、次第に電気ショックのレベルが上げられます。当然、生徒役は苦痛に耐えきれず、悲鳴を上げ、壁を叩いて中止するよう抗議しました。

実験前に、大学生や心理の専門家に、どの段階で教師役の市民はミルグラムらの要請

実験において送られた
ショックの最大値表示

ショック水準	言語表示 電圧表示
	かすかなショック
1	15
2	30
3	45
4	60
	中程度のショック
5	75
6	90
7	105
8	120
	強いショック
9	135
10	150
11	165
12	180
	非常に強いショック
13	195
14	210
15	225
16	240
	はげしいショック
17	255
18	270
19	285
20	300
	きわめてはげしいショック
21	315
22	330
23	345
24	360
	危険・すごいショック
25	375
26	390
27	405
28	420
	XXX
29	435
30	450

（指示）を拒否して実験を中止するか予測してもらいました。大学生は三％の人が最後のスイッチを押すと予測し、専門家は一九五ボルト「非常に強いショック」でほとんどの人が要請を拒否すると答えました。教師役の市民は、事前に、中止したいときはいつ止めてもよいし、部屋から出ていくのも自由と説明を受けています。

結果は悲惨なものでした。電圧が上がって声もだせなくなった最後の四五〇ボルトまでスイッチを押した教師役の市民は六二・五％に達したのです。また三〇〇ボルトまでは「大丈夫、責任は私が負いますから、スイッチを押してください」と言うミルグラムらの指示に従い、拒否した人は一人もいなかったのです。

ミルグラムは「正当と思われる権威」に従うのが人間社会の群れ方であり、そのとき人は権威の「代理状態」になると解析しました。

なお生徒役はサクラで電気ショックも見せかけの装置でしたが、教師役はそのことを知りません。本当に電気ショックが与えられていると思って緊張のあまり脂汗を流し、ガタガタと膝を震わせながら、それでもスイッチを押し続けました。なぜなら上司の指示・命令に従うのが社会生活のルールだからです。

Ⅱ．役割の実験

人はそれぞれの役割を果たしながら社会生活を送っています。家庭、職場、愛好会、スポーツ・チームと、それぞれの集団で役割を担っています。こうした日常生活における役割と異なり、実験という特殊な環境に参加した市民が、与えられた役割をどう果たしたのかを調べたモデル実験を見てみましょう。フィリップ・G・ジンバルドーらが一九七一年に行った「模擬監獄実験」です。

新聞広告を出して一日一五ドルのアルバイトを募集します。集まった七五人の中から、心身ともに安定し、精神的にも成熟度が高く、反社会的行為をしたことがない人、そして互いに見知らぬどうしの人たち二一人を選びました。

彼らに模擬監獄実験であることを説明し、合意した人は契約書にサイン、それからコインを投げて無作為に囚人役一〇名、看守役一一名に分けられ、参加者は帰宅しました。

その数日後、警察の協力を得て、囚人役は自宅や路上で実際に逮捕され、手錠をかけられ目隠しされて監獄に連行されました。取調室で調書と指紋をとられ裸にされて囚人服を着せられ、片方の足に鎖が取り付けられ、監房に入れられました。そして名前でなく番号で呼ばれ、アィデンティティー（自己像、自己同一性）が剥奪される状態におきました。

模擬監獄はスタンフォード大学構内に作られたものです。

一方、看守役は八時間交代で看守を務め、それ以外の時間はいつものとおり過ごします。実験を始めるにあたって、看守役は厳守事項の説明を受けました。すなわち囚人役は実験に参加した市民だから、決して囚人を殴ったり暴力を振るったりしてはいけないこと、また囚人たちがどんなくだらないことを言っても取り上げて反応しないこと。ただ看守役として囚人役を威嚇することは容認されていました。そして看守役が命令されたのは監獄内の「法律と秩序の維持」を保つことでした。

さて実験が始まると、まもなく「役割の内面化」が現れ、囚人と看守の双方に役割に応じた「相違」が出始めました。看守は警棒、呼子笛、手錠、出入口の鍵を持ち、一日三回の点呼、食事の配布などを日課とします。しかし最初は囚人に穏やかに注意を与えていた看守役が、日が経つにつれて次第に強い命令口調になり、口汚くののしり始め、侮辱するようになったのです。たとえば看守役は午前二時半に囚人役を無理やり起こして点呼するという予定外の行動に出て、囚人役を苦しめました。囚人役をいじめることが楽しくなっていったのです。

最初のころ、囚人役の方はこれが模擬実験であるため、本物の囚人のように振る舞わず、看守に対して軽口をたたき命令に従わない人が目立ちました。

すると看守役は囚人役を次々と懲罰の対象にし、看守役の攻撃行動は日増しに強化し、「支配欲望」が高くなり、両者の関係は「ゆがんだ」ものになったのです。

看守役によって囚人役の軽い反抗が鎮圧されると、看守役の態度は日に日に粗暴になり攻撃性を強化、これに対して囚人役は日に日に受動的になり沈黙と憂鬱な雰囲気が生じてきました。

実験を始めて三六時間経ったとき、一人の囚人役が抑制できないほどの「号泣」「激怒の発作」「まとまりのない思考」「重度の抑鬱」に陥ったため、彼を解放しなければならなくなりました。さらに三人、そしてまた一人と症状が現れ、仮出獄を認められた囚人役の中には、体中に心因性の発疹が出て治療を受けるため病院に運ばれた人もいました。このため二週間の実験予定期間を六日間で中止する結果に終わったのです。

この模擬監獄実験は私たちにさまざまな示唆と教訓を与えてくれます。大きく四点にまとめておきましょう。第一に、囚人役の人たちがアイデンティティー（自己像）を失ったことです。名前でなく番号で呼ばれ、それまでの自分の職業や社会的地位を知る人は実験参加者に誰もいません。これは自分が自分であり続けるためのアイデンティティーを失ったことを意味します。これまで社会との関わりの中で形成された自己像が崩壊したのです。

第二は、アイヒマンの場合と同様に、看守役は次第に自分の役割を「拡大解釈」したことです。看守の制服を着ることで、「制服に付随する地位の上昇」が起きていました。看守の制服は他人を支配する存在へと自己を変えたわけです。こうして正当に権力を握ったと思った看守役は、明らかに無力で劣った囚人役を支配する欲求を満たしていきました。第三に、そうした支配への欲求が「役割の自己正当化と自己目的化」をもたらし、そうなればなるほど看守役（つまりアイヒマン）は冷徹に勤勉に「最終的解決」を誇りを持って実行したのです。第四は、実験に入る前に被験者たちは一般社会の看守と囚人の立場の差を知っていたことが重要なファクターになりました。現実の社会の差を確認するような形で実験が進行し、看守役と囚人役の間に著しい情緒と行動の社会的格差を創り出しました。

こうして模擬監獄の実験は、ユダヤ人の最終的解決に従事したナチの人々が、なぜ無表情に役割を果たし、囚人たちをガス室に送り込んだかを語っているように思えます。

Ⅲ．同調（社会的適応）の実験

権威と服従の実験（アイヒマン実験）、役割の実験、この二つの実験に共通する大きな前提は、人間は社会的動物で、その時代、その社会に適応（同調）して生きていることです。その社会に適応できる人が多いほど社会は安定し、適応できなければ反社会的人間として、その社会から排除される可能性が高くなります。特にナショナリズムが高揚した大東亜戦争のとき日本では「非国民」扱いされ、ナチス・ドイツでは強制収容所が待ち受けていました。そうなると、その人の社会的居場所がなくなります。こうした場合を「同調圧力がかかる」とか「強制同調」と呼びます。

一九五一年のこと、男子大学生を集めてアッシュＳ・Ｅは実に簡単な同調実験を行いました。八人の学生のうち七人はサクラ、一人だけが実験対象（被験者）です。方法はいたって簡単、二枚のカードを用意します。Ａのカードには一本の縦線、Ｂのカードには三本の縦線が書かれおり、そのうちの一本がＡの線と同じ長さになっています。だから誰が見てもＢのカードのどの線がＡのカードと長さが同じか間違わない仕組みになっています。

まずサクラが答えますが、明らかに間違った答えを次々とします。被験者が答える順番は七番目。サクラの自信ありげな間違った答えを聞いたあと、つまり同調圧力がかかったとき、被験者はどう答えたのでしょうか。約１／３の人がサクラに同調して間違った答えをしました。自分の答えが正しくないと分かっていながら皆に合わせたわけです。サクラに影響されず正しい答えをしたのは約１／４に過ぎなかったのです。もちろんサクラが一人もいないグループでは全員正解でした。この実験は社会的適応＝同調の一つの有り方を示しています。変だなと思っても皆にあわせてしまう「状況の力」が表出した姿です。

Ⅳ．どこにでもいるアイヒマン

アイヒマンを尋問したレス大尉は、アイヒマンが怪物的人間でも狂気でもなく、ごく普通の人間だったことを知ったあと、こう言っています。

「もし、そう（彼が普通の人間である）なら、将来に同じような独裁国家が現れ、また彼のような人材を必要としたなら、われわれは再び新たなアイヒマンが生まれることを危惧しないわけにはいかない」

レス大尉の危惧は現実のものとなって現れます。たとえばスターリン独裁下の大量粛清は権力者の命令を忠実に実行した多くの部下が行ったものです。カンボジアのポルポト独裁政権下の二〇〇万人を超える国民抹殺、中国の文化大革命……、これらはすべて権力者に同調し自らの役割を自己正当化した大勢のアイヒマンがいたからこそ起こった現実なのです。

Ⅴ．遺伝情報と社会情報（文化）による殺しの抑制

ナチズムを考えるにあたって最後に、一九七三年ノーベル医学・生理学賞を受賞した動物生態学のコンラート・ローレンツ（一九〇三−一九八九）らの実験と考察に触れておきましょう。テーマは「なぜ人は人を殺すか」です。

多くの動物は牙などを発達させ攻撃能力を高めると、それと並行して本能的に殺戮を抑制する衝動を強化させます。その結果、仲間同士の殺し合いを防ぐ仕組みが働いている、とローレンツらは数々の動物観察と実験で確かめました。鋭い牙は獲物をとるため発達させましたが、仲間を殺すためではないというわけです。たとえばオオカミ同士の争いを観察すると、負けたオスが急所の頸動脈を相手に差し出したとたん、勝っていたオオカミの攻撃行動は瞬時に停止、トドメをささないとローレンツらは報告し、「同類虐殺抑止力」と名づけました。

なぜ瞬時に攻撃行動が止まるのか、それは本能による抑制衝動だからです。本能とは個体（個人）が生まれたとき既に持っている遺伝情報（ＤＮＡ）に基づく行動を言います。生後、学習する必要はありません。たとえば、サンゴが一定の時期と時間に一斉に精子と卵子を海中に放つのは本能行動で、一つ一つのサンゴが生後学習したわけではありません。

本能、つまり遺伝情報による行動は、一定条件が生ずると、直ちにそれに反応して起きる行動のことをいいます。もしサンゴが本能的に一定の時間に放出できず時間差が生じたなら、あの広い海中で精子と卵子の出会いが不可能となり、サンゴの命をつなぎ続けることはできないでしょう。

一方、動物にも仲間殺しが見られます。杉山幸丸らの研究によると、チンパンジーの群れの場合、新しいボスは前のボスの子どもを殺してメスを発情させ、自分の遺伝子を残すようにするといいます。ドーキンスはこれを遺伝子自体の自己保存方法で「利己的遺伝子」と呼びました。とはいえ、こうした動物の仲間殺しは特殊なケースで、人間のように何時でもどこでも普通に行われるわけではありません。

もう一つ、本能と文化の関係を示す京都大学霊長類研究所の実験を挙げておきましょう。舞台は和歌山県の沖合、十九島。サルも住んでいない小さな島です。生まれてすぐ、オスとメスの赤ん坊ザルを群れ（社会）から引き離し、人間が別々に飼育、発情期になったとき、そのオスとメスを十九島に離しました。

サルの群れで育った子どもたちは大人の行為を見聞して学習し、自分たちが発情期になるとその見聞体験（学習）を基に結ばれます。サル社会の文化を知らない十九島の二頭は、発情期なのにどう振る舞ってよいか分かりません。とはいえ人間に近い霊長類ですから、試行錯誤のすえやっと二頭は結ばれ、赤ん坊が生まれました。母ザルは本能的にオッパイを与えましたが、その後どう育児してよいか分かりません。父ザルは赤ん坊を玩具のように空中に放り投げて遊んだため、赤ん坊はなぶり殺し同然となって死亡しました。

この実験が伝えることは、ニホンザルにとってセックス、育児は本能、つまり遺伝情報に基づく行動だけではなく、群れの大人たちの行動を子ザルたちは見聞し学習していたから、それらが可能だということです。食欲・性欲は本能でも、何をどう食べるか、相手とどう結ばれるか、どう子どもを育てるかは群れに伝わる文化に頼って生きているわけで、遺伝情報（ＤＮＡ）だけでは不十分なのです。

「母性本能」という言葉があります。女性が母親になると誰でも子どもを愛し育てると思われていた時代がありました。しかしそうではありません。母性本能は本能と文化（生後学習する社会情報）が総合されたもので、群れの文化を知らないサルは、いわゆる「母性本能」だけでは子育てができなかったのです。同様に最近、人間で親が子を殺す事件が目立つのは人間社会の愛や育児の文化が十分に伝わっていない証拠です。

さて話を武器の発達に戻しましょう。人間の場合、こん棒から刀や槍、鎧から戦車、弓矢から機関銃、さらにジェット戦闘機、原子爆弾、大陸間弾道弾と武器をどんどん開発して今日に至っています。では武器を発達させるのに伴って、同類虐殺を抑止してきたでしょうか。残念ながら仲間殺しが減ったわけではありません。それどころか武器の発達とともに戦争が大規模になり、二〇世紀の二つの世界大戦では市民を巻き込んで何千万という犠牲者がでました。

なぜなら人間はオオカミのように攻撃衝動を本能的に中止することができないからです。では何によって人間は攻撃および殺人衝動を抑止するのでしょう。それは「殺すなかれ」と、代々受け継がれてきた人間の文化によるのです。どの民族も、それぞれの文化の中で「殺すなかれ」あるいは「殺せ」という行動規範を持っています。本能は変更不可能ですが、文化は変更可能、そして積上げ可能です。文化をどんどん変化・発展させてきたのが人間の歴史です。ということは人間は武器を発達させましたが、同類虐殺の抑止力を強化してこなかったことになります。その昔、戦いに一騎打ちの仕組みがあったときは、双方の代表者の勝敗で争いに決着をつけました。犠牲者を少なくする戦いの方法です。現代は総力戦となって国民全部を巻き込んだ殺し合いが行われます。武器は発達しましたが「殺すなかれ」という文化は衰退しています。

別の観点に立つと、戦争は巨大な経済効果をもたらすことが少なくありませんから、経済発展が「最高善」となった現代では、殺し合いは経済活動の一環なのかもしれません。

ナチス・ドイツは外交によってズデーデン地方、チェコ、オーストリアを併合し、それらの市場と資源および労働力を獲得しました。さらに、それらの地方から実に多くの労働者がドイツ国内に移住してきました。

こうした経済的要請が強くなればなるほど「同類虐殺」は簡単に行われ、その「抑制力」は減少するのでしょう。そして多くのアイヒマンが出現するのです。それが人間の文化であるのなら。

おわりに

恩師・永井陽之助先生にナチスと現代大衆社会の手ほどきを受けた一九五〇年代、エーリヒ・フロム『自由からの逃走』(一九四二)が話題になっていました。第一次大戦に敗れたドイツは帝政から共和制に移行、世界で最も民主的と謳われたワイマール憲法時代に入ります。民主主義は市民の自由と法的平等を保証します。ところが帝政から一挙に民主政治になって、従来の伝統的権威の強い絆から解放され自由になったドイツの人々は、同時に孤独に陥り無力感と不安にさいなまれました。いわゆる群衆の中の孤独です。個々であることに戸惑い、自由から逃れて全体主義に走ったという論旨でした。

ヒトラーが『わが闘争』で示した大衆観と類似しています。大衆は自分で考えて行動するより、誰かに強く指示・命令されることを望んでいる、そのほうがよっぽど楽だからだ、とヒトラーはランツベルクの獄中で断言していました。

ラジオ・ディレクターのとき脚本家・岩間芳樹さんと二人で、フランクル『夜と霧』で示されたアウシュヴィッツの事例を素材に、一九六〇年当時の大脳生理学を切り口としてナチス・ドイツを探ってみました。監修は東京医科歯科大学島崎俊樹教授（当時）です。

それでも、なぜドイツの人々が嬉々としてヒトラーに従い、ユダヤ人抹殺にまで至ったのか、謎は解けません。そこで歴史関連では、時代の断面を切り取ったドキュメントを乱読し、次第に心理学・社会心理学へと幅を拡げ、さまざまなモデル実験に突き当たりました。互いに見知らぬ少年たちを集めてキャンプさせてみるとリーダー役が生まれ、自然にメンバーの役割が決まり、社会を形成していくモデル実験は示唆的でした。

ベトナム戦争の一九六〇年代、反戦運動と同時にアメリカ五大湖の汚染が口火となって環境問題が明るみに出ました。工場排水でヘドロの海となった三重県四日市で孤軍奮闘していた市の担当者を取材したのは一九七三年のことです。次第に浮かび上がってくるのは「人間の営み」「科学技術」「文化文明」とは何かという根源的問いです。環境科学も手当たり次第読み、かつ、取材しました。

さらに深く人間を捉えるため、群れて暮らす動物社会との比較が必須と考え、京都大学霊長類研究所の一連の研究成果に出会いました。その延長線上でローレンツらが「仲間殺しを抑制する」のは遺伝情報に基づくのか、その時代その社会の社会情報（文化）に依るのかという問いに強い刺激を受け、さらにティンベルヘンの『動物のことば』に接し、そこから発展してＤＮＡおよび発生学を私なりに学びました。一九七三年、ローレンツらがノーベル賞を受賞したニュースを出向先の東京放送（ＴＢＳ）で見て、躍り上がって喜んだものです。

音楽に関しては、ラジオ連続ドラマ担当のとき、毎週の録音を通じて肌で覚えました。のちに「ノヴェンバー・ステップス」で世界の作曲家となる武満徹さん、桐朋音楽大学長となる三善晃さん、京都市立芸術大学教授となる広瀬量平さん。とくに広瀬さんには作曲家と時代の関連について教わりました。

相対性理論に関しては、アインシュタインを日常用語で解説できる都筑卓司横浜市立大学教授（当時）を招いてＴＶ番組をつくり、私も学びました。ハイゼンベルクの自伝は当時の事情を知るうえで非常に有益でした。

こうして本書は諸先輩と多くの先行研究に導かれていることは言うまでもありません。同時にポーランド国立アウシュヴィッツ博物館で唯一人の日本人公式ガイド・中谷　剛さん、北海商科大学教授・横田榮一さん、コラムニスト・波多野眞義さんから貴重な助言をいただきました。共同文化社編集の長江ひろみさんは積極的に私の背中を押してくれました。心から深く感謝申し上げるとともに、さらなるご指導をいただければ幸いです。

＊

思えばナチスとは何かを捉えるために随分と異分野をめぐり歩き遠回りしました。時間もかかりました。しかし遠回りしたことで、さまざまな角度から事象を切り取る複眼的思考が身についたように思います。それらを通奏低音として、ヒトラー自身を直接描かず、芸術家・哲学者・科学者・映画人・民衆の側からあぶり出してみました。主軸は「人間の営み」「人間性」です。

ユダヤ人移送局長官アイヒマンは逮捕され処刑されましたが「どこにでもアイヒマンはいる」のが人間社会、文化としての「殺しの抑制」を強化する道は果たしてあるのでしょうか。

二〇一六年　八四歳の誕生日を前にして

船越　一幸

参考文献

Asch, S. E., Effects of Group Pressure upon the Modificatin and Distortion of Judgment., In Guetzkow, H. (ed.), Groups, Leadership and Men, Carnegie Press, 1951
浅島　誠『発生のしくみが見えてきた』岩波書店一九九八
アーレント、ハンナ『全体主義の起源』（全三巻）大久保和郎・大島通義・大島かおり訳　みすず書房一九七二〜七四
アロンソン、エリオット『ザ・ソーシャル・アニマル』古畑和孝監訳　サイエンス社一九九四
飯田道子『ナチスと映画』中公新書二〇〇八
岩崎　昶『ヒトラーと映画』朝日新聞社一九七五
池田浩士『ヴァイマル憲法とヒトラー』岩波書店二〇一五
池田浩士『ファシズムと文学』白水社一九七八
ヴィエッタ、シルヴィオ『ハイデガー：ナチズム／技術』谷崎秋彦訳　文化書房博文社一九九七
ヴェスリンク、ベルント・W『フルトヴェングラー』香川　檀訳　音楽之友社一九八六
ウドコック、ジョージ『オーウェルの全体像』奥山康治訳　晶文社一九七二
オーウェル、ジョージ『一九八四年』新庄哲夫訳　世界ＳＦ全集一〇　早川書房一九六八
オーウェル、ジョージ『カタロニア讃歌』鈴木　隆・山内　明訳　現代思潮社一九六六
オーウェル、ジョージ『右であれ左であれ、わが祖国』鶴見俊輔編　平凡社一九七一
小俣和一郎『精神医学とナチズム』講談社現代新書一九九七

小俣和一郎『ナチス　もう一つの大罪』人文書院一九九五
金子マーティン編『〝ジプシー収容所〟の記憶』岩波書店一九九八
河合雅雄『ニホンザルの生態』河出書房新社一九八一
河原忠彦『シュテファン・ツヴァイク』中公新書一九九八
唐木順三『科学者の社会的責任についての覚え書』筑摩書房一九八〇
木田　元『ハイデガーの思想』岩波新書一九九三
木田　元『ハイデガー』岩波書店一九八三
ケインズ、ジョン・M.『平和の経済的帰結』ケインズ全集二　早坂　忠訳　東洋経済新報社一九七七
『芸術新潮～ナチスが捺した頽廃芸術の烙印』新潮社一九九二
ケストナー、エーリヒ『独裁者の学校』吉田正己訳　みすず書房一九五九
小塩　節『トーマス・マンとその時代』中公新書一九九二
Koch, W., In the Name of the Volk, Political Justice in Hitlers, Germany. I. B. Tauris Publishers ,London, 1997
坂崎乙郎『反体制の芸術』中公新書一九六九
シェラット、イヴォンヌ『ヒトラーと哲学者』三ッ木道夫・大久保友博訳　白水社二〇一五
シェーンボウム、ダヴット『ヒトラーの社会革命』大島通義・大島かおり訳　而立書房一九七八
清水多吉『ヴァーグナー家の人々』中公新書一九八〇
芝　健介『武装SS』講談社一九九五
シャイラー、ウイリアム『ベルリン日記一九三四―一九四〇』大久保和郎・大島かおり訳　筑摩書房一九七七
シュッデコプフ、チャールス編『ナチズム下の女たち』香川　檀・秦由紀子・石井栄子訳　未来社一九八七

シュミット、カール『政治的ロマン主義』橋川文三訳　未来社一九八二
ショル、インゲ『白バラは散らず』内垣啓一訳　未来社一九六四
シーラッハ、ヘンリエッテ『ヒトラーをめぐる女性たち』シュミット村木眞寿美訳　三修社一九八五
杉山幸丸『子殺しの行動学』北斗出版一九八〇
杉山幸丸『サルはなぜ群れるのか』中公新書一九九〇
杉山幸丸『野生チンパンジーの世界』講談社現代新書一九八一
スターン、ジョセフ『ヒトラー神話の誕生』山本　尤訳　社会思想社一九八三
スレーター、ピーター・J・B．『動物行動学入門』日高敏隆・百瀬　浩訳　岩波書店一九九四
関　楠生『ヒトラーと退廃芸術』河出書房新社一九九二
高田　敏・初宿正典編訳『ドイツ憲法集』信山社出版一九九四
高辻知義『ワーグナー』岩波新書一九八六
田中　浩『カール・シュミット』未来社一九九二
ダレー、リヒャルト・W．『血と土』黒田禮二訳　春陽堂書店一九四一
ツヴァイク、シュテファン『昨日の世界』全集一七・一八　原田義人訳　みすず書房一九六一
ティンベルヘン、ニコ『動物のことば』渡辺宗孝・日高敏隆・宇野弘之訳　みすず書房一九五五
テーラ、ジェームス／ショー、ウオーレン『ナチス第三帝国事典』吉田八岑監訳　三交社一九九三
ドーキンス、リチャード『利己的な遺伝子』日高敏隆・岸　由二・羽田節子・垂水雄二訳　紀伊國屋書店
一九九一
永井陽之助『政治意識の研究』岩波書店一九七一
永井陽之助『平和の代償』中央公論社一九六七

中谷　剛『アウシュヴィッツ博物館案内』凱風社二〇〇五
中谷　剛『ホロコーストを次世代に伝える』岩波ブックレット二〇〇七
野坂昭如編著『科学文明に未来はあるか』岩波新書一九八三
バイエルヘン、アラン・D．『ヒトラー政権と科学者たち』常石敬一訳　岩波書店一九八〇
ハイゼンベルク、ウェルナー『部分と全体』山崎和夫訳　みすず書房一九七四
ハイデガー、マルティン『存在と時間』（全四巻）熊野純彦訳　岩波文庫二〇一三
バッハマン、ロベルト・C．『カラヤン』横田みどり訳　音楽之友社一九八五
ハフナー、セバスチャン『ヒトラーとは何か』赤羽龍夫訳　草思社一九七九
ヒトラー、アドルフ『わが闘争』平野一郎・将積　茂訳　角川文庫一九七三
平井　正『ゲッペルス』中公新書一九九一
平井　正『ベルリン　一九二八—一九三三』せりか書房一九八二
平井　正『二〇世紀の権力とメディア』雄山閣　一九九五
平井　正・岩村行雄・木村靖二『ワイマール文化』有斐閣一九八七
フォッケ、ハラルド／ライマー、ウヴェ『ヒトラー政権下の日常生活』山本　尤・鈴木　直訳　社会思想社一九八四
船越一幸『情報とプライバシーの権利』北樹出版二〇〇一
船越一幸「ナチの宣伝と大衆の思惑」『北見大学論集　三一号』北海学園北見大学一九九四
フライ、ノベルト／シュミッツ、ヨハネス『ヒトラー独裁下のジャーナリストたち』五十嵐智友訳　朝日新聞社一九九六
フランクル、ヴィクトール『夜と霧』霜山徳爾訳　みすず書房一九五六

フルトヴェングラー、ヴィルヘルム『音と言葉』芦津丈夫訳　白水社一九七八
ブレヒト、ベルトルト『ブレヒト戯曲選集』（全五巻）千田是也訳編集　白水社一九六一―六二
ブロイエル、ハンス・ペーター『ナチ・ドイツ清潔な帝国』大島かおり訳　人文書院一九八三
フロム、エーリヒ『自由からの逃走』日高六郎訳　創元社一九五一
ヘス、ルドルフ『アウシュヴィッツ収容所』片岡啓治訳　講談社学術文庫一九九九
ベダンスキー、ジョセフ『カール・シュミット論』宮本盛太郎・古賀敬太・川合全弘訳　御茶の水書房一九八四
マン、エーリカ『ナチズム下の子どもたち』田代尚弘訳　法政大学出版局一九九八
宮地伝三郎『動物社会』筑摩書房一九六九
ミルグラム、スタンレー『服従の心理―アイヒマン実験』岸田　秀訳　河出書房新社一九八〇
村上陽一郎『ハイゼンベルク』岩波書房一九八四
村瀬興雄『ナチズム』中央新書一九六八
村瀬興雄『ナチズムと大衆社会』有斐閣一九八七
矢野久美子『ハンナ・アーレント』中公新書二〇一四
山下公子『ヒトラー暗殺計画と抵抗運動』講談社一九九七
山本　尤『ナチズムと大学』中公新書一九八五
ラカー、ウォルター『ドイツ青年運動』西村　稔訳　人文書院一九八五
ラング、ヨッヘン編『アイヒマン調書』小俣和一郎訳　岩波書店二〇〇九
リース、クルト『フルトヴェングラー』八木　浩・芦津丈夫訳　みすず書房一九五九
リース、クルト『ゲッペルス』西城　信訳　図書出版社一九七一

リーフェンシュタール、レニ『回想』椛島則子訳　文芸春秋一九九一
ローレンツ、コンラート『攻撃　悪の自然誌』日高敏隆・久保和彦訳　みすず書房一九七〇
ローレンツ、コンラート『行動は進化するか』日高敏隆・羽田節子訳　講談社現代新書一九七六
ローレンツ、コンラート『文明化した人間の八つの大罪』日高敏隆・大羽更明訳　思索社一九七三
脇　圭平・芦津丈夫『フルトヴェングラー』岩波新書一九八四
Zimbardo, P. G., Haney, C., Banks, W. C. & Jaffe, D., The Psychology of Inprisonment: Privation, Power and Pathology., Cole Publishing Company, 1977
ジンバルドー、フィリップ『現代心理学』(全三巻) 古畑和孝・平井　久監訳　サイエンス社一九八三

共同文化社既刊

ロマネスクの社会を散歩する　船越　一幸

——さまざまな語り手がいて歴史は多彩な光と影を放つ

かつて人々は罪の赦しを求めて巡礼に旅立った。聖堂には怪奇でユーモラスな壁画や柱頭彫刻、町にはいたる所に聖人像。農業改革が広まり、国際大市が開かれ、民衆の力がロマネスクの花を咲かせた。豊富な写真を使って歴史をひもとき、幻想的で愛すべき時代を多角的に垣間見る。ロマネスク聖堂所在地地図・関連年表つき。

A5判　320頁　上製本　定価2700円＋税

第49回北海道新聞文学賞（詩部門）受賞

原郷創造　原子　修

現代日本を代表する詩人の一人である著者が四年の歳月をかけて紡いだ一大叙事詩。人類の始まりから現代に至るまでを壮大なスケールで描く。神聖な言霊人ノンノを主人公にダイナミックに展開していく物語は圧巻。

A5変形判　ケース付　408頁　定価3000円＋税

占領下の児童出版物とGHQの検閲　谷　暎子

——ゴードン・W・プランゲ文庫に探る

メリーランド大学客員研究員として、プランゲ文庫で児童書の目録化に携わった著者が、検閲する側とされる側に、何が起きていたかを探り、その真相に迫る——

A5判　646頁　上製本　定価7000円＋税

ヒトラー万歳！と叫んだ
民衆の誤算

２０１６年10月10日　初版発行

著　者　船越　一幸
発行者　木野口　功
発行所　株式会社 共同文化社
〒０６０-００３３
札幌市中央区北３条東５丁目
電話　０１１-２５１-８０７８
http://kyodo-bunkasha.net/

装　幀　須田　照生
印　刷　株式会社 アイワード

ISBN 978-4-87739-291-8 C0031

船越　一幸（フナコシ　カズユキ）

フリー・ライター　北海道心理学会名誉会員
1932 年北海道生まれ　北海道大学法学部卒
元北海道放送（HBC）ディレクター＆プロデューサー
元北海商科大学教授（社会情報学・社会心理学・メディア論）
〈単著〉『情報とプライバシーの権利』2001　北樹出版
『守護聖人の世界　ヤコブス・デ・ウオラギネを読む』2010　文芸社
『ロマネスクの社会を散歩する』2015　共同文化社
〈共著〉『子どもの風景』北海道教育大学編　1994　北海道大学出版会
『地域情報と社会心理』船津衛編著　1999　北樹出版
『北海道・マスコミと人間』札幌学院大学人文学部編　1987　札幌学院大学生活協同組合
〈ＣＤ〉「ラジオによる叙事詩　犬神歩き」（演出）『寺山修司ラジオ・ドラマ CD』（全 8 巻）所収　2005　キングレコード

人名・事項索引

＜ア行＞

＜タ行＞

＜マ行＞

＜ヤ行＞

年　表

1889　4　ヒトラー、オーストリア＝ハンガリー帝国　ブラウナウ・アン・マインで生まれる。ミュンヘンに出て画家を目指す。第一次大戦が勃発するとオーストリア国籍のまま志願し、ドイツ・バイエルン連隊の義勇兵となる。伝令の任務に従事、伍長。兵士として最高の名誉である第一級鉄十字章を受章。1925年彼はオーストリア市民権を拒絶し、自らドイツ人としてナチ党を率いる。ヒトラーがドイツ市民権を得たのは1932年のこと。

1914　7　オーストリア、セルビアに宣戦布告、第一次大戦始まる。ドイツ、オーストリア、トルコなどの枢軸国と、イギリス、フランス、日本、イタリア、アメリカなどの連合国が世界を二分して戦う。爆撃機、戦車、毒ガスなど新兵器が投入され、市民を巻き込んだ総力戦となる。日本軍はドイツ租借地・中国の青島、南太平洋諸島を占領、統治下におく。

1917　11　ロシア革命（いわゆる10月革命）。レーニン率いる世界最初の社会主義国、ソビエト社会主義共和国連邦（ソ連）誕生（〜1991・12解体）。

1918　1　ベルリンなど大工業都市を中心に反戦ストライキ起こる。
　　11　キール軍港のドイツ水兵蜂起。労働者・兵士評議会（レーテ）樹立。ドイツ革命始まる。皇帝退位宣言し、第二帝国崩壊。人民政府成立。
　　11　ドイツおよびオーストリア＝ハンガリー帝国、連合国側と休戦条約調印。
　　11　オーストリア、共和国となる。

1919　1　ドイツ労働者党（のちのナチス）創立。

年　表

1919　2　ドイツ、ワイマール共和制となる（〜1933・1）
6　ヴェルサイユ条約調印。
①領土関係：ドイツ領の一部がフランス、ベルギー、デンマークに割譲される。チェコスロヴァキア、ポーランド、ハンガリー、リトアニアが独立。オーストリアの独立を保証。ドイツ領ラインラントは15年間占領され、ザール地方は1935年まで分離管轄となる。海外のドイツ植民地は国際連盟の委任統治として連合国間で分割。こうしてドイツは領土の1/8、人口の1/10を失った。
②賠償金：1320億マルク。当時のドイツ年間国家予算のほぼ38年分にあたる。
③軍備縮小：ドイツ軍、10万以下の陸軍と潜水艦を持たない小規模海軍に。軍用機・一般航空機の製造禁止。国民皆兵制（義務兵役）廃止。

1921　7　ヒトラー、ナチスの党首となる。

1922　10　イタリアのファシスト、ムッソリーニ、ナポリからローマに進軍。政権掌握。

1923　11　ヒトラー、ミュンヘン一揆に失敗、ランツベルク監獄に入る。『わが闘争』を書く。

1924　12　ヒトラー釈放される。

1925　2　ヒトラー、新生ナチ党を宣言。合法政党として再出発。

1929　10　米・ニューヨーク株式市場で株価大暴落。世界大恐慌が始まる。

年　　表

1930	9	議会選挙でナチ党 107 議席で第二党となる。第一党社会民主党は 143 議席。
1931	4	スペイン、第二共和制成立。
1932	7	議会選挙、ナチ党 230 議席で第一党となる。社会民主党 133。共産党 89。
1933	1	ヒトラー、連立内閣の首班となる。ナチ党から 3 名入閣。他は社会民主党などから。ベルリンはじめ各地で首相就任を祝うパレード盛大に行われる。
	2	国会議事堂放火事件。オランダ人共産党員を逮捕、共産党事務所を襲撃。
	3	ダッハウに最初の強制収容所開設。反ナチの国民を検挙し収容所に送る。
	3	最後の国会議員選挙：ナチ党 43.9％で過半数に達せず、ドイツ国家人民党の 8％を加え、過半数を確保。
	3	ヒトラー、同質化について語る。
	3	ヒトラー、全権委任法を可決させ、特別大権を得る。
	3	最初の「州（ラント）と帝国（ライヒ）一体化の法律」、以後、中央政府の権限強化を急速に進める。
	3	ゲッペルス宣伝大臣となり、言論統制に乗り出す。
	3	シーラッハ、ヒトラー・ユーゲントの指導者に。
	4	ユダヤ人商店、ユダヤ人専門職に対する排斥運動が公然と行われる。
	4	「職業官吏制の再建に関する法」によりユダヤ人官吏は解雇される。
	5	メーデーをともに祝った後、すべての労働組合を解散させ、ドイツ労働戦線に統一する。
	5	焚書：ユダヤ人の著作、共産主義、自由主義、国際主義

年　　表

		の書物を公開焼却。
1933	6	政党解散令を布告（ドイツ社会民主党・ドイツ国家人民党・ドイツ国民党・ドイツ人民党・バイエルン党・中央党）
	7	ヴァチカンとの間で政教条約（コンコルダート）を結ぶ。
	7	「政党の新設を禁止する法律」、ナチ党が唯一の合法政党となる。
	9	最初の冬季貧民救済事業。
	10	編集者法公布。
	10	ヒトラー、国際連盟から脱退。
	11	国民投票：95％の国民がナチの政策を支持する。
	11	歓喜力行団（KdF）活動開始。
	11	ラジオを使ったプロパガンダ政治はじまる。ヒトラー、ラジオで初演説。
1934	2	映画法制定。
	6	SA（突撃隊）幹部を粛清、「長いナイフの夜」。レームは翌日に処刑される。
	6	SS（親衛隊）、公式にSAから独立。
	8	大統領ヒンデンブルク死去。ヒトラー、総統兼国家主席に。
1935	1	住民投票の結果、ザール地方がドイツ領になる。
	3	ヒトラー、国民皆兵令を発し、ヴェルサイユ条約の軍縮条項を破棄する。
	9	ユダヤ人弾圧の「ニュルンベルク諸法」発布。
	9	ナチの鍵十字旗（ハーケンクロイツ）がドイツ国旗となる。
	11	「市民権に関する国家法」：ユダヤ人と混血種を定義し、アーリア人種であることが公職任用の前提となる。ユダ

ヤ人あるいは混血種との結婚禁止。

1936　3　ロカルノ条約を破棄、ドイツ軍ラインラントに進駐。
7　スペイン内戦始まる（〜1938・3）
8　フランコ軍、モロッコからスペイン本土に上陸。
8　ベルリン・オリンピック：この期間、ナチス・ドイツは反ユダヤ主義をすべて隠蔽、書店にユダヤ人の著作が並び、公園のユダヤ人専用ベンチも消える。
11　「ヒトラー・ユーゲント法」発令。翌月より他の青年運動を禁止。

1937　4　ドイツ空軍、スペインのゲルニカを爆撃。
7　ミュンヘンで「大ドイツ芸術展」開催、翌日から「頽廃芸術展」始まる。
11　日独伊防共協定調印。

1938　2　ヒトラー国防相兼国防軍最高司令官となる。
3　オーストリア併合。人種法含むドイツの全法律がオーストリアにも適用される。
6　ミュンヘンのユダヤ教会（シナゴーグ）破壊、修復全費用をユダヤ人資産家に要求。
9　ミュンヘン会談。英・仏・伊はヒトラーの意に添い、チェコスロヴァキアのズデーデン地方をドイツに割譲することに合意。
11　「水晶の夜」。ユダヤ人商店破壊される。2万人以上のユダヤ人投獄される。
11　米・ルーズベルト大統領、在独アメリカ大使を召喚。

1939　3　ドイツ軍、チェコスロヴァキアのベーメン（ボヘミア）とメーレン（モラヴィア）を保護領として占領。

年　　表

1939	8	独ソ不可侵条約締結。ポーランド二分割の密約。
	9	ドイツ軍、ポーランド侵攻。英・仏、対独宣戦布告。第二次大戦始まる。
	9	ソ連軍、ポーランド侵攻。
1940	2	最初のユダヤ人国外追放。
	4	ドイツ軍、デンマークとノルウェーに侵攻。
	5	ドイツ軍、オランダ、ベルギー、ルクセンブルクおよびフランスに侵攻。
	5	アウシュヴィッツ強制収容所開設。
	6	ドイツ軍、パリ無血入城。フランス降伏。
	8	ドイツ空軍、イギリス本土の攻撃開始。
	11	アウシュヴィッツ強制収容所でポーランド人政治犯銃殺開始。
1941	4	ドイツ軍、ユーゴスラヴィア、ギリシャに侵攻し占領。
	6	ドイツ軍、ソ連（ロシア）に侵攻。
	7	ドイツ軍、ウクライナに侵攻。
	9	ユダヤ人の一斉国外追放始まる。
	9	アウシュヴィッツでガス室稼動開始。
	11	モスクワを目指すドイツ軍つまづき始める。
	12	日本、ハワイ真珠湾を奇襲、太平洋戦争始まる。アメリカ、第二次大戦に参戦。
	12	ドイツ軍、モスクワ前面 50 キロで敗退。
1942	1	ユダヤ人問題の「最終的解決」を図るヴァンゼー会議開催。
	3	ビルケナウのガス室稼働開始。
	9	ドイツ軍、スターリングラードに入る。
	11	ソ連軍、スターリングラードで反撃開始。

年　表

1943	2	ドイツ軍、スターリングラードで敗北。パウエル将軍降伏。
	2	「白バラ抵抗運動」のショル兄妹、ミュンヘンで処刑。
	7	ムッソリーニ失脚、伊国王により逮捕・投獄される。
	9	連合軍、イタリア本土に上陸。イタリア降伏。
1944	1	スターリングラード解放。
	6	「D デー」、連合軍、フランス・ノルマンディーに上陸。
	6	ドイツ軍、イギリスに対し V1 ロケット攻撃開始。
	8	連合軍、パリを奪回。
	8	ワルシャワ蜂起。市民の抵抗運動鎮圧される。
1945	1	ソ連軍、アウシュヴィッツ解放。直前に死体焼却炉、SS により破壊される。
	4	ソ連軍、ウィーンに入る。
	4	英軍、ベルゲン＝ベルゼン収容所解放。ソ連軍、ベルリン突入。
	4	ヒトラー、バルリン官邸で自殺。ゲッペルス、家族とともに自殺。
	5	ヒトラーの第三帝国滅亡。
	8	広島、長崎に原爆投下される。
	8	日本、無条件降伏。